ACCOMPLISSEZ des miracles

Catalogage avant publication de Bibliothèque et Archives nationales du Québec et Bibliothèque et Archives Canada

Hill, Napoleon, 1883-1970

Accomplissez des miracles : faites en sorte que votre vie vous apporte ce que vous désirez
Nouvelle édition

Traduction de : You can work your own miracles.

ISBN 978-2-89225-808-0

1. Succès – Aspect psychologique. I. Manseau, Jean-Pierre. II. Titre.

BJ1611.2.H5414 2013   158.1   C2013-940274-8

Adresse municipale :
Les éditions Un monde différent
3905, rue Isabelle, bureau 101
Brossard (Québec), Canada
J4Y 2R2
Tél. : 450 656-2660 ou 800 443-2582
Téléc. : 450 659-9328
Site Internet : www.umd.ca
Courriel : info@umd.ca

Adresse postale :
Les éditions Un monde différent
C.P. 51546
Greenfield Park (Québec)
J4V 3N8

Dépôts légaux : 1er trimestre 2013
Bibliothèque nationale du Québec
Bibliothèque nationale du Canada
Bibliothèque nationale de France

Conception graphique de la couverture :
OLIVIER LASSER et AMÉLIE BARRETTE

Version française :
LES ENTREPRISES RAYMOND MORISSETTE INC.

Révision et adaptation :
JEAN-PIERRE MANSEAU

Photocomposition et mise en pages :
LUC JACQUES CompoMagny enr.

Typographie : Minion Pro corps 12 sur 14 pts

ISBN 978-2-89225-808-0 (Nouvelle édition 2013)
(Édition originale : ISBN 0-449-12695-1), Ballantine Books, New York)

ISBN 978-2-89225-264-4 (édition de poche, 1994)
ISBN 2-89225-102-8 (1re édition, 1985)

Nous reconnaissons l'aide financière du gouvernement du Canada par l'entremise du Fonds du livre du Canada (FLC) pour nos activités d'édition.

Gouvernement du Québec – Programme de crédit d'impôt pour l'édition de livres – Gestion SODEC.

Gouvernement du Québec – Programme d'aide à l'édition de la SODEC.

IMPRIMÉ AU CANADA

NAPOLEON HILL

AUTEUR DU BEST-SELLER *RÉFLÉCHISSEZ ET DEVENEZ RICHE*

ACCOMPLISSEZ des miracles

Faites en sorte que votre vie
vous apporte ce que vous désirez

UN MONDE DIFFÉRENT

Table des matières

Introduction

Vous devriez être heureux d'apprendre que les épreuves, les circonstances désagréables, les douleurs physiques et les échecs comportent tous un *« bénéfice équivalent »*. D'ailleurs le plus grand essai de Ralph Waldo Emerson, dont le titre est *Compensation,* confirme cette vérité qu'il décrit avec minutie. Et j'ai vécu pour ma part une expérience qui non seulement la certifie, mais encore qui en témoigne pour aider des millions de gens à transformer la douleur physique en un moment qui peut leur être bénéfique.

J'étais assis dans le fauteuil d'un dentiste à Los Angeles, en Californie, qui devait m'extraire mes dernières dents, avant de m'ajuster des prothèses dentaires provisoires. Le dentiste m'avait anesthésié les gencives du haut et du bas, et attendait, du moins, je le pensais, que l'anesthésie fasse son effet. Toutes les minutes ou à peu près, il introduisait un instrument dans ma bouche et semblait examiner mes gencives. Après un moment, je lui demandai : « Docteur, allez-vous enfin m'enlever les dents ? »

D'un air étonné, il répliqua : « Que voulez-vous dire ? Je les ai toutes enlevées, sauf trois. Elles sont sur le plateau en face de vous. »

Je regardai et, en effet, il avait ôté six de mes dents sans que je m'en aperçoive. La conversation qui suivit m'apporta un bénéfice équivalent compensant la chirurgie dentaire que j'avais subie. Il se pourrait bien que mon histoire soit utile à des millions de gens, et j'espère qu'ils sauront profiter de la leçon qu'elle offre quand ils auront rendez-vous chez leur dentiste. L'idée de « bénéfice équivalent », qui est le sujet de ce livre, me vint à la suite de notre conversation.

Lorsque les trois dernières dents furent extraites, mon dentiste me dit : « Où étiez-vous pendant que je vous enlevais vos six premières dents ?

– Là-bas, à la station de radio KFWB, répliquai-je, en train de préparer mon émission de dimanche.

– Bon ! s'exclama le dentiste. Je suis dentiste depuis 30 ans, et je n'avais encore jamais eu de patient assis dans mon fauteuil, à se faire arracher les dents sans en être conscient. Comment pouvez-vous y arriver ?

– Ce fut plutôt facile ! répondis-je. J'ai conditionné mon esprit pour cette intervention avant que vous ne l'entrepreniez. Une partie de mon esprit s'en est dissociée totalement et s'est concentrée sur quelque chose d'agréable, aussi éloigné que possible de l'extraction.

– Sensationnel ! répliqua mon dentiste. Si vous pouviez enseigner aux gens la façon de conditionner leur esprit relativement au travail dentaire afin de leur faire perdre leur peur du dentiste, et que vous écriviez un livre sur votre stratégie, les dentistes du pays vous aideraient à en vendre un million d'exemplaires en moins d'un an. »

Ce jour-là, avant de quitter le cabinet de mon dentiste, j'avais déjà en tête tous les détails de ce livre et les grandes lignes de la méthode par laquelle j'avais transformé ma peur du dentiste en un avantage bénéfique, qui allait montrer à des millions de gens la façon de maîtriser la douleur physique.

Chose surprenante, cette formule est basée sur la méthode avec laquelle j'ai aidé des millions de gens à conditionner leur esprit en vue de la réussite matérielle. Elle fait ses preuves depuis plus de 50 ans. Tout a commencé quand Andrew Carnegie m'a demandé d'organiser la première philosophie pratique au monde sur la réussite individuelle. Son perfectionnement est venu des expériences personnelles de plus de 500 Américains et Américaines, parvenus au sommet de la réussite, et qui collaborèrent avec moi.

Avant tout, je veux aider les lecteurs à préparer leur esprit. De même qu'on doit maîtriser les bases de l'arithmétique avant d'approfondir les mathématiques supérieures, de même doit-on apprendre à conditionner son esprit, étape par étape, en étudiant les sujets importants qui sont reliés à cette connaissance, comme je l'expliquerai dans les prochains chapitres.

En me suivant avec attention et patience à travers les pages de ce livre, vous prendrez conscience du monde de richesses que vous possédez sans le savoir. Je décrirai dans un langage facile à comprendre la méthode qui m'a aidé à transformer les séances chez le dentiste en des moments intéressants exempts de toute douleur.

Mais ce n'est que le commencement!

Le système de conditionnement de l'esprit que vous découvrirez dans *Accomplissez des miracles* vous aidera en maintes circonstances à maîtriser la douleur physique, la peine, la peur et le désespoir. Il vous préparera aussi à acquérir ce que vous désirez, comme la paix de l'esprit, la compréhension de soi, la réussite financière et l'harmonie dans toutes les relations humaines.

Ce livre est de loin le plus révélateur, en matière de sincérité absolue, concernant plusieurs sujets que je n'avais pas abordés dans mes livres précédents. En fait, je désirais les présenter avec l'appui des dentistes et des médecins, car ce sont leurs patients qui en ont le plus besoin.

Auparavant, j'ai démontré à quel point un emploi, une carrière ou un commerce peuvent rapporter en termes de profits, et l'on a estimé que mes livres ont aidé des millions de gens à bien réussir financièrement. J'ai donc écrit celui-ci dans le but d'amener les gens à faire en sorte que leur vie leur rapporte ce qu'ils désirent, et ce, par le biais d'un système d'autodiscipline qui a le grand avantage d'être vérifié par chacun des lecteurs de cet ouvrage.

Enfin, je l'ai rédigé pour les gens qui ont des problèmes personnels à résoudre et qui doivent faire face à des situations difficiles, en espérant qu'ils en tireront un grand avantage. Je souhaite que l'honneur rejaillisse sur mon médecin et sur mon dentiste, car ce sont des amis qui pourront recommander ce bouquin à leurs patients.

Au début, je songeais à écrire un livre qui puisse aider les gens à conditionner leur esprit en vue de la visite chez le dentiste ou chez le chirurgien. Mais lorsque j'ai commencé à en esquisser les grandes lignes, j'ai envisagé un objectif beaucoup plus grand que l'original, un objectif qui pourrait permettre au lecteur de tirer pleinement profit de plus de 40 ans de recherches en ce qui a trait aux causes de la réussite et de l'échec, du bonheur et de la misère, aux connaissances importantes que j'ai accumulées en organisant *la science de la réussite,* qui apparaît maintenant sous plusieurs titres différents, avec des lecteurs répartis partout dans le monde.

Dans les chapitres qui suivent, je vous présente certains des grands miracles de la vie à travers lesquels mes lecteurs pourront découvrir et profiter des 12 grandes richesses décrites dans un chapitre ultérieur. Je révèle aussi la manière par laquelle la peur, la pauvreté, le chagrin, l'insuccès et la douleur physique peuvent être transformés à votre avantage, en source d'inspiration.

C'est avec un esprit ouvert que vous devez lire les prochains chapitres. C'est alors que le plus grand des miracles vous sera révélé, miracle que je ne peux pas décrire parce qu'il n'est connu que de vous et qu'il est *entièrement sous votre contrôle !* Ce miracle contient un mot de passe capable de vous libérer et de vous aider à prendre possession des 12 grandes richesses de la vie. Il peut vous apporter la paix de l'esprit et vous donner une vie équilibrée faite de tout ce dont vous avez besoin ou de tout ce que vous désirez.

En vous donnant la description des « miracles », je vous fais part aussi de la moitié du mot de passe ; l'autre moitié est déjà en votre possession. La lecture de ces chapitres vous dévoilera la partie que vous avez en vous. Et quand vous la reconnaîtrez, saisissez-la et commencez à la transformer en cette vie que vous désirez. *Vous comprendrez que ce livre vous a apporté quelque chose de beaucoup plus important qu'une méthode pour faire disparaître la peur et la douleur physique chez le dentiste et chez le chirurgien.*

Puis, étant ainsi parvenu à maîtriser *des choses simples,* vous pourrez aussi maîtriser des *choses encore plus grandes.*

NAPOLEON HILL

1

Chacun de nous
peut accomplir des miracles

Un futur papa faisait les cent pas dans le hall face à la salle d'accouchement d'un hôpital, attendant qu'on lui dise si sa femme avait mis au monde un garçon ou une fille.

La porte s'ouvrit, deux infirmières sortirent et passèrent près de lui sans même lui jeter un regard. Alors, le docteur vint à la porte, hésita un moment et fit signe au papa impatient d'entrer.

«Avant que vous entriez dans la pièce, commença le docteur, je dois vous préparer à un choc. C'est un garçon et il est né sans oreilles. Il n'a pas la moindre ébauche d'oreilles et, évidemment, il sera sourd toute sa vie.

– Il est peut-être né sans oreilles, s'exclama le père, mais il ne sera pas sourd toute sa vie !

– Bon, ne vous énervez pas, reprit le docteur. Mais vous feriez aussi bien de vous préparer à accepter la situation telle qu'elle est, et non pas comme vous voudriez qu'elle soit. La science médicale a connu d'autres cas comme celui de votre fils, mais pas un des enfants nés dans cet état n'a réussi à entendre.

– Docteur, j'ai un immense respect pour votre compétence de médecin, mais dans un certain sens, je suis aussi médecin, car j'ai découvert un puissant remède, qui est efficace dans presque toutes les circonstances. La première chose à faire est de refuser d'accepter comme inévitable toute circonstance qu'on n'a pas désirée, *et je vous avertis dès maintenant que je n'accepterai jamais l'infirmité de mon fils* comme étant quelque chose qui ne peut être corrigé. »

Le médecin ne répondit pas, mais son regard étonné disait clairement : « Pauvre diable, je suis peiné pour vous, mais vous finirez par comprendre qu'il y a certaines circonstances de la vie qu'on est forcés d'admettre. » Il prit le père par le bras et entra dans la pièce où la mère et l'enfant l'attendaient, enleva la couverture et resta silencieux pendant que le père regardait ce que le docteur croyait sincèrement être l'une de ces « circonstances de la vie qu'on est forcés d'accepter ».

Le temps passa rapidement.

Vingt-cinq ans plus tard, un autre médecin surgit en souriant de son laboratoire avec des radiographies dans les mains. « Miraculeux ! s'exclama-t-il. J'ai radiographié la tête de ce jeune homme sous chaque angle possible et je ne vois apparaître aucune forme de système auditif. Et pourtant mes tests démontrent qu'il a 65 % de sa capacité normale d'audition. »

Le médecin était un spécialiste de l'oreille bien connu de la ville de New York, et les radiographies qu'il tenait dans ses mains étaient celles du jeune homme qui aurait sans doute été sourd toute sa vie s'il n'y avait pas eu l'intervention d'un père qui refusa d'accepter comme définitive cette situation, et qui fit quelque chose pour que la nature la corrige.

Je peux me porter garant de la véracité de cette histoire, car je suis le père qui refusa d'accepter comme incurable une infirmité aussi grave que celle d'être né sans oreilles.

Pendant presque 9 ans, j'ai passé la majeure partie de mon temps à mettre à l'épreuve une puissance qui, finalement, rétablit chez mon fils 65 % de sa capacité d'audition. C'était suffisant pour lui permettre de suivre ses cours au primaire, au secondaire et au collège et il obtint des notes qui égalèrent celles des meilleurs étudiants. C'était suffisant pour lui permettre de s'adapter à une vie normale, sans qu'il souffre des inconvénients ou des embarras dont la plupart des personnes sourdes souffrent.

Comment s'opéra ce miracle ?

À qui ou à quoi est-il attribuable, et que s'est-il passé dans la tête de cet enfant né sans oreilles pour lui permettre de développer suffisamment son sens auditif, de surmonter l'épreuve et de vivre une existence de façon satisfaisante ?

Ces mêmes questions furent posées au spécialiste. Voici sa réponse : « Il s'agit sans doute des directives psychologiques que le père fit passer dans le subconscient de l'enfant, et qui influèrent sur la nature pour improviser une forme quelconque de système nerveux pour relier le cerveau aux parois internes du crâne et qui permit au garçon d'entendre. Ce qui est maintenant connu comme la propagation de l'influx nerveux par les neurones, dans les os. »

Il est à espérer qu'au moment où le lecteur terminera ce volume, la nature exacte du miracle qui rendit normale la vie d'un enfant qui était sourd lui sera révélée. C'est le but principal de ce livre.

J'ai profité de l'aide de ce miracle dès l'instant où il en devint conscient, quand il était un tout jeune homme. Ceci l'a aidé à maîtriser la peur, la superstition, l'ignorance et la pauvreté : les quatre ennemis de l'humanité auxquelles tant de gens cèdent sans combattre, parce qu'ils ne savent pas se servir du miracle, en refusant d'accepter *ce qu'ils ne veulent pas* de la vie.

La nature exacte du miracle est quelque chose qu'une personne ne peut décrire à une autre jusqu'à ce que cette dernière soit mentalement préparée à la recevoir. Pour cette raison, il peut être nécessaire que le lecteur lise et analyse tous les chapitres de ce livre avant de comprendre tout le sens du miracle.

Certaines indications très précises ont été décrites dans ce chapitre, mais ce n'est peut-être pas suffisant pour révéler le secret suprême par lequel on peut, avec succès, rejeter ce que l'on ne veut pas de la vie.

Ce secret est digne d'une étude sérieuse parce qu'il est le passe-partout qui ouvrira les portes à de multiples bienfaits pour tous ceux qui le possèdent, comme la maîtrise de la peur du dentiste et du chirurgien.

Votre attitude mentale, lors de la lecture de ce livre, déterminera pour une large part le moment et l'endroit dans le livre où le secret pourra vous être révélé. Donc, portons notre attention sur certaines des possibilités d'une *attitude mentale positive*.

Si vous contrôlez votre attitude mentale, vous pouvez maîtriser presque tout ce qui peut affecter votre vie, y compris les peurs et les ennuis de toutes sortes.

Quelle est l'importance de l'attitude mentale ?

Analysons le rôle que l'attitude mentale joue dans la vie et nous connaîtrons son importance.

Votre attitude mentale est l'élément principal qui attire les gens vers vous ou les repousse, selon qu'elle est positive ou négative ; et vous êtes la seule personne qui puisse déterminer ce qu'elle sera.

L'attitude mentale est un élément essentiel dans le maintien d'une bonne santé physique. Tous les médecins le savent, et la plupart d'entre eux admettront que l'attitude mentale du patient est plus importante que tout autre élément pour guérir ses troubles physiques.

L'attitude mentale est un élément déterminant, peut-être le plus important, quant aux résultats qu'on peut obtenir de la prière. On sait depuis longtemps que lorsque l'on prie avec une attitude mentale teintée de peur, de doute et d'anxiété, on ne peut obtenir que des résultats négatifs. Seule la prière renforcée par une attitude mentale de foi profonde peut apporter des résultats positifs.

Votre attitude mentale au volant d'une voiture sur la route principale démontre bien si vous êtes un conducteur sûr de vous ou un danger public qui risque sa vie et celle des autres. On dit que la plupart des accidents de la route se produisent à cause de conducteurs en état d'ébriété, en colère, en proie à un excès d'anxiété ou à des soucis.

Votre attitude mentale détermine votre vie en majeure partie : vous la vivrez dans la paix de l'esprit ou dans un état de frustration et de misère.

L'attitude mentale est la chaîne et la trame de toute vente, peu importe ce que l'on vend : marchandises, services personnels ou autres denrées. Une personne à l'attitude mentale négative ne peut rien vendre. Elle peut prendre une commande de quelqu'un qui lui achète quelque chose, mais il n'y a pas de *vente*. La transaction ne se résume qu'à un *achat*. Peut-être avez-vous vu cela dans plusieurs magasins de détail où l'esprit des professionnels de la vente n'est pas vraiment orienté pour plaire aux clients.

L'attitude mentale contrôle très largement la place que quelqu'un occupe dans la vie, le succès qu'il obtient, les amis qu'il se fait et sa contribution à la postérité. TOUT.

L'attitude mentale est le moyen par lequel on peut conditionner son esprit à subir une intervention chirurgicale ou à aller chez le dentiste sans craindre la douleur physique. Les moyens par lesquels on peut y arriver sont clairement décrits dans des chapitres ultérieurs.

Certains individus croient que l'attitude mentale d'une personne, de son vivant, influe sur ce qui lui arrive après sa mort. Il n'y a aucune preuve positive de cette théorie, sauf évidemment qu'elle est cohérente.

En dernier lieu, l'évidence la plus convaincante de l'importance de l'attitude mentale, c'est le fait qu'elle soit *le seul et unique facteur* sur lequel nous ayons le contrôle complet et incontesté. Nous ne pouvons pas contrôler les pensées ou les actions des autres. Nous ne pouvons pas non plus contrôler ni notre entrée dans la vie ni notre sortie, mais nous avons le réel privilège de contrôler chaque pensée que nous libérons de notre esprit, à partir du moment où nous commençons à penser, jusqu'à la fin de nos jours.

Voici donc le plus profond, le plus significatif de tous les phénomènes qui influent sur la vie d'un individu! Il est logique qu'en donnant à chaque personne le contrôle intégral de sa pensée, le Créateur voulait que ce soit un bien inestimable, et ça l'est, parce que l'esprit est le seul et unique moyen par lequel un individu peut concevoir sa vie et la vivre telle qu'il l'a choisie.

Le poète William Ernest Henley doit avoir compris cette grande vérité quand il écrivit les lignes : « Je suis le maître de mon destin, je suis le capitaine de mon âme. » Vraiment, nous pouvons devenir capitaine de notre destinée sur la terre, mais à condition que nous prenions possession de notre esprit et que nous le dirigions vers un but déterminé, par le contrôle de nos attitudes mentales.

L'attitude mentale peut être négative ou positive

Seule une attitude mentale positive rapporte en ce qui a trait aux affaires de la vie courante. Voyons de quoi il est question ici. En effet, comment pouvons-nous obtenir cette attitude mentale positive, et nous en servir dans la lutte pour obtenir les choses et les situations que nous désirons dans la vie ?

Une attitude mentale positive comporte plusieurs facettes, et il existe d'innombrables façons de nous en servir, chacune touchant chaque situation qui affecte nos vies.

En premier lieu, une attitude mentale positive est nécessaire pour que chaque expérience, plaisante ou désagréable, comporte un avantage qui nous aidera à équilibrer notre vie à l'aide d'éléments qui conduisent à la paix de l'esprit.

C'est l'habitude de chercher un bénéfice équivalent qui accompagne chaque échec, défaite ou adversité que nous expérimentons, et qui les convertit en quelque chose de salutaire. Seule une attitude mentale positive peut reconnaître et tirer profit des leçons, ou d'un bénéfice équivalent qui accompagne toutes les choses désagréables que chacun expérimente.

Une attitude mentale positive permet de garder l'esprit engagé à fond vis-à-vis des circonstances et des choses que nous désirons dans la vie, et *d'ignorer* celles que nous ne désirons pas. La majorité des gens passent toute leur vie avec des attitudes mentales dominées par la peur, l'anxiété et les soucis quant aux circonstances qui, de toute façon, doivent faire leur apparition à plus ou moins brève échéance. Et ce qui est étonnant, c'est qu'ils blâment souvent les autres pour les ennuis qu'ils se sont infligés par leur attitude mentale négative.

L'esprit a une façon particulière de convertir les pensées de quelqu'un en des faits concrets. Pensez en termes de pauvreté et vous vivrez dans la pauvreté. Pensez en termes de richesses et vous attirerez la richesse. Par *la loi éternelle de l'attraction harmonieuse, les pensées de l'humain sont toujours transformées en choses matérielles.*

Une attitude mentale positive, c'est l'habitude de considérer toutes les circonstances désagréables auxquelles nous nous heurtons comme autant d'occasions de mettre à l'épreuve notre capacité de nous élever au-dessus de ces circonstances déplaisantes, en extirpant d'elles le bénéfice équivalent que l'on mettra en action.

Une attitude mentale positive, c'est l'habitude d'évaluer tous les problèmes, et de faire la différence entre ceux que l'on peut maîtriser et les autres. La personne dotée d'une attitude mentale positive s'applique à résoudre les problèmes qu'elle peut maîtriser, et s'occupe de ceux qu'elle ne peut pas contrôler afin qu'ils n'influent pas sur son attitude mentale.

Une attitude mentale positive aide l'individu à faire la part des choses quant à la faiblesse et à l'impuissance des autres. Elle l'empêche de se laisser contrarier par leur esprit négatif ou de se laisser influencer par leur façon de penser.

Une attitude mentale positive c'est l'habitude d'agir en accord avec un but déterminé, en croyant fermement qu'il est approprié, tout en connaissant sa capacité de l'atteindre.

C'est l'habitude d'aller au-delà de ses responsabilités et de rendre des services plus nombreux et meilleurs que ceux qu'on est obligés de rendre, d'une façon amicale et plaisante.

C'est l'habitude de choisir un but déterminé et d'aller de l'avant pour l'atteindre sans se laisser arrêter, sous aucune considération.

C'est l'habitude de rechercher des qualités chez les autres et de s'attendre à les trouver, tout en étant prêt à discerner des défauts sans être contrarié par un état d'esprit négatif.

C'est l'habitude de maîtriser toutes les émotions en apprenant à les connaître et à les discipliner au moyen de la puissance de la volonté.

C'est l'habitude de faire face à tout ce qui affecte notre vie, les plaisirs et les ennuis, et de garder la tête froide quand des imprévus désagréables surviennent.

C'est reconnaître la puissance universelle de l'Intelligence Infinie, et savoir qu'elle doit être adaptée et dirigée pour atteindre des buts déterminés, au moyen de la foi.

Une attitude mentale positive est le principal moyen par lequel les Alcooliques Anonymes ont aidé un nombre incalculable d'hommes et de femmes alcooliques à s'en sortir.

C'est aussi la base de la guérison de l'habitude néfaste de fumer des cigarettes une à la suite de l'autre. C'est le moyen par lequel on peut conditionner son esprit à quelque fin que ce soit, y compris l'élimination de tous les genres de peurs.

Toutes les habitudes, bonnes et mauvaises, volontaires ou involontaires, sont établies par l'attitude mentale. C'est par ce moyen que nous pouvons convertir de mauvaises habitudes et des circonstances déplaisantes en une quelconque forme de bénéfice.

Une attitude mentale positive est le seul moyen par lequel nous pouvons exercer notre droit inhérent de maintenir le contrôle complet de notre esprit sans aide ou sans entrave, de qui ou de quoi que ce soit. Et c'est le moyen par lequel des pierres d'achoppement peuvent devenir des pierres de gué pour nous permettre de progresser dans la vie.

L'attitude mentale se transmet d'une personne à l'autre, sans paroles, signes ou actes, mais simplement par télépathie. Par conséquent, elle est communicative.

L'attitude mentale d'une personne qui mange va aider ou retarder sa digestion, et une attitude mentale négative peut la paralyser complètement.

L'attitude mentale d'un conférencier déterminera souvent la façon dont son discours sera interprété, plus que les mots qu'il utilisera. Bien plus, l'attitude mentale d'un écrivain sera communiquée au lecteur au travers des lignes de son texte.

Par le conditionnement et le contrôle adéquats de l'attitude mentale, l'esprit peut faire face à toute circonstance désagréable sans être attristé, même par la mort subite de personnes aimées.

L'attitude mentale est une barrière à deux sens posée sur le sentier de la vie, et qui peut d'un côté s'ouvrir sur le succès, et de l'autre sur l'échec. La tragédie, c'est que la plupart des gens poussent la barrière dans le mauvais sens.

L'attitude mentale du patient est le meilleur atout du médecin, ou sa plus grande barrière dans le traitement des maux physiques, selon que l'attitude est positive ou négative.

À partir de là, on peut facilement comprendre pourquoi *l'attitude mentale, c'est TOUT, car elle influe sur chaque expérience que nous vivons, et elle est sous notre propre contrôle en tout temps.*

Quel bonheur de savoir que ce qui peut nous donner le succès ou nous amener l'échec, nous accorder la paix de l'esprit ou nous condamner à la misère tous les jours de notre vie, c'est tout simplement le pouvoir que nous avons de contrôler notre esprit et de le guider vers les buts que nous choisissons par notre attitude mentale !

Comment peut-on maîtriser l'attitude mentale ?

Le point de départ de la maîtrise de l'attitude mentale, c'est le motif et le désir. On ne fait rien sans un motif, et plus le motif est fort, plus il est facile de maîtriser l'attitude mentale.

L'attitude mentale peut être influencée et contrôlée par de nombreux éléments tels que :

(1) Par un *désir brûlant* d'atteindre un but déterminé, basé sur un ou plusieurs des neuf motifs de base qui stimulent l'effort humain. Voir la liste des neuf motifs de base au chapitre 7.

(2) En conditionnant l'esprit à choisir automatiquement et à réaliser les objectifs positifs déterminés, avec l'aide des *huit grands guides invisibles* (vous trouverez leur description

au chapitre 4) ou d'une technique similaire qui conservera l'esprit activement engagé dans des objectifs positifs lors du sommeil comme lorsque l'on est éveillé.

(3) Par une association intime avec les gens qui inspirent un engagement actif dans des buts positifs, et par le refus d'être influencé par des gens à l'esprit négatif.

(4) Par l'autosuggestion, qui permet à l'esprit de recevoir sans cesse des directives positives jusqu'à ce qu'il n'attire que ce qu'appellent ces directives.

(5) Par une reconnaissance profonde, par sa mise en pratique et son usage, du privilège exclusif de l'individu de maîtriser et de diriger son esprit.

(6) À l'aide d'une machine par laquelle le subconscient peut recevoir des directives déterminées pendant le sommeil. On donne la description d'une telle machine au chapitre 4.

Notre façon de vivre, notre système sans pareil de libre entreprise, et la liberté individuelle dont nous nous sentons si fiers ne sont rien de plus que l'attitude mentale de gens organisés et destinés à des fins particulières.

Il est un élément de la vie à l'américaine qui ressort nettement au-dessus de tous les autres, et qui consiste dans les lois et les mécanismes du gouvernement que nous avons établis pour protéger l'individu afin qu'il ait pleine liberté sur la maîtrise de son attitude mentale.

C'est cette liberté de contrôle sur notre attitude mentale qui nous a donné les grands hommes et les grandes femmes qui ont modelé notre existence, et notre système de libre entreprise remarquable. *Il est significatif que les seuls qui sont devenus grands soient ceux qui ont agi avec une attitude mentale positive.*

L'attitude mentale positive de Thomas A. Edison l'a soutenu au cours de plus de 10 mille échecs et l'a mené à la découverte de la lampe électrique incandescente qui a instauré l'ère de l'électricité et, de là, celle de richesses fabuleuses.

L'attitude mentale positive d'Henry Ford l'a maintenu à flot pendant qu'il luttait pour construire sa première automobile, et elle fut son plus grand et son plus important atout dans l'établissement de l'empire industriel monumental qui le rendit plus riche que Crésus et donna de l'emploi, directement ou indirectement, à peut-être plus de 10 millions d'hommes et de femmes.

L'attitude mentale positive d'Andrew Carnegie lui permit de sortir de la pauvreté et de l'obscurité et lui servit d'atout majeur dans l'établissement d'une industrie qui donna naissance à l'ère de l'acier, qui est maintenant l'un des plus importants maillons de tout notre système économique.

L'attitude mentale positive du Mahatma Gandhi (qu'il appelait résistance passive) était un défi de taille pour la grande puissance des forces militaires britanniques qui régnaient sur l'Inde depuis plusieurs générations. C'est l'attitude mentale positive de Gandhi qui permit l'union, en cerveau collectif, de plus de 200 millions de ses partisans qui donnèrent une puissance énorme à sa « résistance passive ». Grâce à sa doctrine d'action non violente, il libéra l'Inde du contrôle britannique sans un coup de fusil ou la perte d'un seul soldat.

C'est l'attitude mentale positive du constructeur du Golden Gate qui nous donna ce magnifique pont suspendu, le plus long au monde d'une seule travée, en dépit du fait que sa première tentative indiquait que l'entreprise était impossible du point de vue de l'ingénierie.

Le leadership et les grandes réalisations, dans n'importe quel aspect de la vie, dans n'importe quelle profession ou occupation, sont toujours basés sur une attitude mentale positive.

Une attitude mentale positive est la somme de tous les espoirs, les désirs et les convictions additionnés les uns aux autres et transformés en foi! Et la foi est la porte ouverte à l'Intelligence Infinie qui ne peut être adaptée et utilisée *que par ceux qui maintiennent une attitude mentale positive.*

En fait, la caractéristique la plus importante d'une attitude mentale positive, c'est que chacun a la possibilité de l'adopter et de l'utiliser pour atteindre tous ses buts, *sans* avoir à débourser quoi que ce soit.

Le secret par lequel cette vérité profonde peut enrichir votre esprit et vous aider à maîtriser les obstacles qui vous empêcheraient d'atteindre le bonheur vous sera révélé dans les chapitres qui suivent.

Lisez-les avec un esprit ouvert et vous en serez récompensé, car vous y puiserez des richesses suffisantes pour vous donner une vie bien équilibrée, libérée de la peur, et une tranquillité d'esprit qui durera. Dans les chapitres qui suivent, vous rencontrerez le plus grand personnage vivant actuellement. Quand vous découvrirez son nom, marquez la page et signez-la, car vous aurez alors compris un nouveau sens à votre présence sur la terre pendant ce court espace de temps que l'on appelle la Vie.

Comme vous le lirez, de brèves instructions ont été présentées pour adapter l'attitude mentale à l'élimination de la peur du dentiste ou du chirurgien. Ce chapitre sur l'attitude mentale est une sorte d'avant-première qui vous prépare à adapter et à utiliser ces instructions pour éliminer le côté désagréable de la chirurgie ou de toute autre circonstance indésirable à laquelle vous pourriez vous heurter.

2

Une visite dans la vallée
des miracles de la vie

Il y a quelque temps, je feuilletais les pages du Grand Livre du Temps où s'inscrit la merveilleuse histoire de ma vie, et c'est au chapitre des « Choses que j'ai rejetées parce qu'elles sont inutiles ou anodines » que j'ai découvert la mine de richesses que je vous révèle tout au long de ce volume.

Pourquoi ai-je attendu si longtemps avant de faire cette découverte des fabuleuses richesses sur lesquelles j'avais fermé les yeux ? La réponse vous sera évidente quand vous connaîtrez la nature de ma découverte. Avant d'être capable de la faire, j'ai dû atteindre un certain niveau de spiritualité ; j'ai dû troquer la jeunesse pour la maturité afin d'acquérir assez de sagesse pour pouvoir reconnaître ces grandes richesses « intérieures », et les interpréter correctement avec des yeux qui ne sont plus déçus par les mensonges des hommes.

Comme je tournais lentement les pages de cet étonnant carnet contenu dans le Livre du Temps, je fus bouleversé de constater que chaque chose, chaque circonstance connue de l'homme, chaque erreur, chaque échec et chaque douleur peut s'avérer un avantage quand on se lie à eux dans un esprit d'harmonie, et de compréhension de leur nature et de leur but.

Et je fus agréablement surpris d'apprendre, en analysant tous les événements de mon passé que j'estimais avoir été désagréables et nuisibles, *que chacun d'eux m'avait apporté la plupart des choses valables que je possède maintenant.*

Au cours de mon exploration de ce Grand Livre du Temps, je découvris une méthode, inconnue auparavant, par laquelle tous les échecs passés d'une personne, ses erreurs et ses frustrations peuvent devenir les plus riches bénédictions connues de l'humanité. Cette découverte ne me laissa nul autre choix que d'écrire ce volume à l'intention de ceux qui cherchent à l'aveuglette le chemin de la paix de l'esprit, exactement comme je l'ai cherché aveuglément pendant près de 40 ans.

Avant que je me mette à fouiller dans l'éventail d'idées et de choses que j'avais craintes et abandonnées comme inutiles ou nuisibles, je croyais que le secret d'une réalisation réussie ne pourrait être révélé que par l'étude de ceux qui ont réussi.

Andrew Carnegie m'ayant confié la mission de donner au monde sa première philosophie pratique du succès, et ayant ainsi pu aborder facilement plus de 500 des plus grands réalisateurs de projets de ce temps, je considérais naturellement ces hommes comme l'unique source de connaissances utiles qui vaille la peine d'être prise en considération par ceux qui tentaient de se tailler une place dans un monde où la concurrence était si intense.

J'ai maintenant abandonné cette conclusion erronée, car j'ai découvert que les lois éternelles de l'accomplissement humain sont autant à la portée du pauvre et de l'humble qu'elles le sont pour le riche et l'orgueilleux.

La première fois que j'ai pris conscience de cette grande vérité, je fus bouleversé. J'étais allé voir un Noir du Sud, sans instruction, qui avait gagné son pain à la sueur de son front. J'avais entendu parler de lui et je voulais l'étudier attentivement, car je désirais ardemment connaître le secret de son passage spectaculaire de la misère à la richesse en si peu de temps.

Par une chaude journée d'été, cet homme s'était arrêté au bout d'une rangée de cotonniers ; s'appuyant sur sa pioche, il avait alors poussé un long cri d'agonie : « *Ô Seigneur ! Pourquoi dois-je travailler à ce point pour n'obtenir qu'une hutte où dormir et du porc salé à manger ?* »

Son cri amena une réponse, et il se produisit alors une série d'événements qui changèrent la vie des millions de gens qui étaient destinés à entendre cette histoire.

J'ai choisi l'histoire de cet homme en guise d'introduction à ce chapitre parce qu'elle illustre d'une façon tellement parfaite la justesse des conseils que j'offrirai à travers les chapitres suivants à ceux qui recherchent la richesse matérielle, la tranquillité d'esprit, et la façon de mieux comprendre les moyens de maîtriser toutes les circonstances déplaisantes de la vie.

À cause du lieu de sa naissance et de la couleur de sa peau, cet homme avait connu un mauvais départ, *mais simplement à cause de cette question qu'il posa à Dieu,* il mit au point l'un des grands miracles de la vie, dont nous parlerons plus tard, et il connut la célébrité et la fortune que la majorité des gens, même ceux qui ont eu le privilège de recevoir une bonne instruction dans nos universités, n'ont pu connaître.

D'abord, la réponse à sa question le mit en contact avec le premier principe du succès personnel : la détermination d'un but et un plan précis pour le réaliser. Et son but, c'était de troquer sa personnalité contre une autre, beaucoup plus importante : une personnalité *ayant le pouvoir d'acquérir tout ce qu'il pouvait désirer peu importe sa race, ses croyances et sa couleur.* Je vais tenter d'aider le lecteur à acquérir ce genre de personnalité.

Aussitôt, à la suite de la réponse que l'homme reçut, il se nomma lui-même Dieu en personne, l'unique et seul vrai Dieu vivant pour tous les gens de la terre. Quoi que l'on puisse penser du choix de son but principal déterminé, on ne peut dire qu'il soufrait d'un complexe d'infériorité, ce complexe qui influence malheureusement tellement de vies.

Maintenant, avant de tirer des conclusions au sujet de sa « nomination » à un poste si élevé dans la vie, laissez-moi vous donner une explication sur la distance qu'il a déjà parcourue pour atteindre son idéal. Peut-être le jugerez-vous moins sévèrement, et plutôt que de le condamner, il serait préférable que vous découvriez certains des pouvoirs qui lui servirent pour atteindre ce degré si élevé.

Cet homme se donna le pseudonyme très impressionnant de Father Divine (Père Divin). Des millions de fidèles le suivirent, parmi lesquels un grand nombre de Blancs venant de presque chaque État américain, et même de pays étrangers. On confia à Father Divine la gestion d'incroyables sommes d'argent provenant de dons de particuliers. Il voyagea dans une Rolls Royce et dormit dans ses propres hôtels dans plusieurs des villes où il visita ses fidèles, de telle sorte qu'il ne fut jamais question qu'il loge ailleurs que dans les appartements les plus agréables ; jamais il ne fut affecté par la ségrégation raciale qui sévissait, à l'époque, dans les établissements.

Son organisation, vaste et complexe, incluait divers genres d'affaires, allant des voiturettes aux boutiques de vêtements et aux restaurants. Son personnel n'était constitué que de bénévoles. Ce qu'apporta la richesse de Father Divine aux autres n'est pas ce qui nous intéresse ici. Je ne veux certainement pas «vendre» Father Divine à qui que ce soit maintenant.

Toutefois, c'est mon but de vous renseigner sur la nature du «miracle» que découvrit Father Divine, peut-être par pur hasard, mais qui lui donna la liberté d'oublier le handicap de sa race et de sa couleur, de même que la liberté de faire fi de la pauvreté et du manque d'éducation, et qui lui permit de devenir excessivement riche.

Vous pouvez tirer profit de cette information. Il n'est pas nécessaire que vous deveniez un autre Father Divine, mais vous pouvez vous inspirer de son expérience pour vous surpasser dans les domaines que vous avez choisis pour servir l'humanité, que ce soit dans celui de la religion ou dans quelque autre service utilitaire ou charitable. Ou vous pouvez tout simplement être satisfait d'utiliser l'information pour alléger le poids de votre vie personnelle.

Le secret de la richesse de Father Divine n'est pas nouveau pour moi. J'ai consacré plus de 40 ans à l'étudier et j'ai vu des résultats éloquents chez plus de 500 personnes exceptionnelles de ce pays qui collaborèrent avec moi pendant de longues années à l'organisation de la science de la réussite, des hommes comme Henry Ford, Thomas A. Edison, Graham Bell, Woodrow Wilson et William Howard Taft, entre autres.

Le fait le plus étrange concernant ce suprême secret de la réussite personnelle, que nous révèle une étude poussée de ces personnalités avec lesquelles j'ai travaillé, c'est que seulement trois d'entre elles ont compris la source réelle de leur succès, ou la nature du pouvoir qui rendit ce succès possible au-delà de ce qu'elles espéraient. La plupart d'entre elles ont découvert ce grand miracle de façon assez semblable à celle de Father Divine.

Les gens qui cherchent le vrai secret des réalisations de Father Divine ne laisseront pas échapper le fait que s'il avait 30 millions, ou même ne serait-ce qu'un million de fidèles, c'est qu'il devait posséder quelque mystérieux magnétisme que n'ont pas habituellement ceux qui ne sont motivés que par leur avidité pour les choses matérielles.

Ici comme dans d'autres chapitres, je me suis efforcé d'insister sur le fait que le secret de la richesse est précisément le même que celui par lequel on peut transformer en avantages, la douleur physique ou toute circonstance désagréable.

Dans ce chapitre et dans les suivants, je décrirai entièrement le miracle responsable du succès de Father Divine, et je ferai plus encore. Je décrirai d'autres miracles qui sont à la portée de tous ; miracles qui ne sont reconnus qu'en partie, et qui sont rarement utilisés, même s'ils apportent la véritable tranquillité d'esprit et des richesses matérielles en abondance.

Tous, sauf une personne sur les 10 millions qui liront peut-être la liste de miracles que je vais décrire, seront bouleversés et surpris d'apprendre que ces miracles recèlent des richesses éventuelles de tout premier ordre. Cette personne n'en sera pas étonnée ou surprise outre mesure parce qu'elle appartient à la même catégorie que les Edison, les Ford et les Father Divine qui «découvrirent» le miracle et qui l'utilisèrent pour modeler leur destinée selon le style de vie qu'ils désiraient.

Pendant votre voyage à travers la «vallée des miracles de la vie», dont l'un fut vraiment responsable du passage de Father Divine, de l'extrême pauvreté et de l'ignorance où il se trouvait à une richesse fabuleuse, et à une grande sagesse pour la gérer; vous aurez raison de vous réjouir si vous reconnaissez le miracle spécial par lequel s'effectua ce changement. Si vous n'en faites pas la découverte dans ce chapitre, cela pourra vous être révélé dans les chapitres suivants, où j'ai consigné tout ce que l'on sait à propos du sentier qui mène à la paix de l'esprit et à la plénitude.

Voici quelques indications qui peuvent vous aider à analyser correctement Father Divine:

Le moment exact, le lieu et les circonstances de sa renaissance étaient des éléments entièrement de son choix *et sous son contrôle.*

Personne ne l'aida ou ne lui suggéra la possibilité de se débarrasser de son ignorance et de sa pauvreté pour les remplacer par une richesse fabuleuse et la sagesse. Il faut insister sur ce point parce que, naturellement, il signifie que *peu importe ce qu'a pu faire un homme sans instruction, n'importe quel autre homme d'intelligence égale aurait pu le faire aussi bien ou mieux, et ce, dans n'importe quel domaine de l'activité humaine.*

Peut-on vraiment douter que la formule dont se servit Father Divine pour troquer sa pauvreté contre d'immenses richesses puisse aussi servir à transformer toutes les circonstances indésirables en des bienfaits d'égales proportions?

En quoi consiste la différence entre cet homme et les autres hommes de sa race qui vivent aux États-Unis et qui ont les mêmes privilèges que ce dernier avait acquis? La réponse à cette question peut vous donner une indication valable sur le miracle qui a transformé cet inconnu en un « messie », passant de l'extrême pauvreté à la surabondance.

Le miracle responsable du changement de vie de Father Divine est précisément le même que celui qui éleva Henry Ford, Thomas A. Edison et Andrew Carnegie à des sommets incroyables de réalisation personnelle dans leur domaine respectif, et c'est ce même miracle qui est responsable de tous les progrès faits par la race humaine dans tous les domaines.

C'est grâce à ce miracle que Milo C. Jones, propriétaire d'une petite ferme près de Fort Atkinson, au Wisconsin, devint millionnaire après avoir été frappé d'une double paralysie. Il trouva sa réussite *sur cette même ferme* où il n'avait réussi à vivre auparavant que de façon tout juste convenable.

Nombreux sont mes adeptes qui ont trouvé la réussite, résolu des problèmes personnels « impossibles » et trouvé la tranquillité d'esprit à l'aide du miracle. On les retrouve à presque tous les niveaux de la société, dans tous les commerces, dans toutes les professions, partout dans le monde. C'est pourquoi les exemples donnés dans ce volume ont été convenablement vérifiés durant plus de 40 ans de recherches.

Frank Crane était le pasteur d'une petite église de Chicago où il gagnait maigrement sa vie. Lorsqu'il se mit à étudier mes principes, il découvrit le miracle qui lui a donné l'idée de publier ses sermons dans un journal syndiqué, ce qui lui rapporta plus de 75 000 $ par année.

Qu'est-ce que tout cela a à voir avec la maîtrise de la peur, de la douleur physique, de la peine et des multiples frustrations que l'on peut éprouver dans la vie ? Comment le principe qui aide les gens à trouver la richesse peut-il servir aussi à les détacher de la douleur physique causée par la fraise du dentiste ou le scalpel du chirurgien ?

Soyez patient, lisez soigneusement, avec un esprit ouvert, et vous aurez la réponse à ces questions, ainsi qu'à toutes celles qui pourront surgir dans votre esprit avant que le miracle ne se révèle à vous.

Si vous deviez exiger que le miracle vous soit révélé au premier chapitre de ce volume, je vous répondrais en vous racontant quelque chose qui lui arriva quand il était un tout petit garçon, mais qui fit une impression durable sur son esprit.

Grand-père amena du maïs au poulailler, le répandit sur le sol de terre battue et couvrit soigneusement le tout avec de la paille. Quand on lui demanda pourquoi il se donnait tout ce mal, il répliqua : « Pour deux très bonnes raisons : Premièrement, en couvrant le maïs avec de la paille, les poules devront gratter pour le trouver et cela leur donnera l'exercice dont elles ont besoin pour être en santé ; et deuxièmement, ça leur donne une chance d'avoir le plaisir de montrer combien elles sont intelligentes de trouver ce maïs qu'elles pensent que j'ai voulu leur cacher. »

Et maintenant, faisons l'analyse de certains miracles mineurs qu'on doit comprendre et évaluer correctement avant que ne puisse être révélée la nature du principal miracle qui transforme cela vie des gens. Peut-être que le moins compris de ces miracles est celui qui est décrit au chapitre suivant, parce qu'il indique le point de départ pour transformer les circonstances indésirables de la vie en celles que l'on convoite.

3

La loi d'amélioration par le changement : Le premier miracle de la vie

L'éternel changement a été placé en tête de liste des miracles de la vie, non pas parce qu'il est le plus important de ceux qui sont décrits ici, mais parce qu'il est celui auquel *s'oppose avec le plus d'acharnement* la vaste majorité de la race humaine. Ne pas le comprendre et refuser de s'y adapter, voilà les principales causes de tous les échecs personnels.

Les changements dans notre façon de vivre ont révélé pendant la première moitié du 20ᵉ siècle plus de secrets sur la nature qu'on en avait découverts au cours de toute la civilisation passée. On compte parmi ces changements : l'invention de l'automobile, du téléphone, de la radio, de la télévision, du cinéma, de l'avion, du radar et de la télégraphie sans fil. Ce sont tous des résultats du processus de l'esprit humain.

Le changement est l'outil du progrès humain, tant dans les affaires des nations que dans la vie des gens. Et le commerce ou l'industrie qui néglige de progresser en se transformant est voué à l'échec.

La vie à l'américaine, qui procure aux gens le plus haut niveau de vie désiré que le monde n'ait jamais connu, est le produit de changements continuels.

La loi du changement est l'une des lois inexorables de la Nature sans laquelle il n'existerait pas une telle réalité qu'est la civilisation. Sans la loi du changement, la race humaine en serait encore là où elle a commencé, c'est-à-dire au niveau de tous les autres animaux et des créatures de la terre qui sont pour l'éternité limités par des modèles instinctifs au-delà desquels ils ne pourront jamais s'élever.

Avec la loi du changement (que l'on appelle évolution), la race humaine s'est lentement élevée au-dessus du niveau de la famille animale, où la destinée de toutes les choses vivantes était fixée par une vie faite d'instincts, et elle a gravi les degrés de l'intelligence jusqu'à l'homme moderne, qui est infiniment plus grand que les 30 mille dieux de la mythologie qu'il a créés et adorés depuis le commencement de sa longue et sinueuse ascension.

Toute l'histoire de l'humanité, son évolution sous toutes ses formes, est nettement marquée par un changement perpétuel. Aucune chose vivante ne reste la même, pas même pendant deux minutes consécutives, et ce changement est tellement inévitable que tout le corps physique de l'être humain subit une transformation complète, et une substitution de toutes ses cellules, tous les sept ans.

La loi du changement, c'est la façon que le Créateur a trouvée pour distinguer l'homme du reste des animaux. C'est aussi le mécanisme par lequel les grandes vérités de la vie, les habitudes et les pensées des hommes s'améliorent continuellement du point de vue des relations humaines pour amener l'harmonie et une meilleure compréhension entre les hommes. Et c'est l'un des mécanismes que l'on doit utiliser pour maîtriser les habitudes obsédantes qui causent la peur de la douleur physique.

À cause de la loi du changement, les habitudes de l'homme qui ne se conforment pas aux lois de l'univers sont périodiquement rompues par des guerres, des épidémies, des sécheresses et d'autres forces de la nature qui obligent l'homme à se libérer des conséquences de sa folie et à tout recommencer.

Cette même loi du changement, qui établit l'égalité entre les peuples de toutes les nations selon les lois de l'univers, *s'applique de la même façon aux gens qui échouent dans l'interprétation et dans l'adaptation des lois de la nature.*

« Conformez-vous entièrement au plan ou périssez », voilà l'avertissement de la nature.

Les peurs et les échecs de l'homme, les bouleversements et les déceptions dans les relations humaines, sont destinés à le libérer des habitudes auxquelles il s'accroche avec tant de ténacité afin *qu'il puisse adopter de meilleures habitudes pour s'améliorer et en profiter.*

Le but absolu de l'éducation, ou du moins il devrait en être ainsi, est de préparer l'esprit de l'individu à sa croissance et à son épanouissement *intérieurs.* Elle doit servir à faire évoluer l'esprit et à le développer au moyen de changements incessants dans la pensée, de telle sorte que l'individu puisse éventuellement connaître ses possibilités et, de là, résoudre ses problèmes.

Un exemple de l'évidence de la conformité de cette théorie aux plans de la nature est que les gens les mieux éduqués de tous les temps sont ceux qui ont obtenu des diplômes à l'école des coups durs, par des expériences *qui les ont obligés à développer et à utiliser la puissance de leur esprit.*

La loi du changement est l'un des plus grands principes de l'éducation! Comprenez cette vérité et vous ne vous opposerez plus aux changements qui vous permettront de vous comprendre et de comprendre la vie. En outre, vous ne résisterez plus longtemps à la destruction par la Nature de certaines des habitudes que vous avez prises et qui ne vous ont rien donné: ni la paix de l'esprit ni les richesses matérielles.

Les défauts que le Créateur réprouve le plus vigoureusement chez l'être humain sont la complaisance, la satisfaction de soi, la passivité et le fait de remettre à plus tard ce qu'il pourrait faire tout de suite, la peur et les limites qu'il s'impose volontairement, et chacun de ces défauts peut entraîner de lourdes conséquences.

La loi du changement oblige l'homme à continuer sa croissance. S'il arrivait qu'une nation, une institution ou un individu cesse de se transformer et s'encroûte dans l'ornière de la routine, quelque puissance mystérieuse entrerait en action et fracasserait les vieilles habitudes, pour alors jeter les fondements d'habitudes nouvelles et meilleures.

Pour chaque chose et pour chacun, la loi de l'amélioration s'accomplit par un changement perpétuel!

La souplesse de l'individu, sa capacité à s'adapter à toutes les circonstances de la vie, est l'un des éléments les plus importants d'une personnalité. C'est aussi le moyen de s'adapter à la grande loi de l'amélioration par le changement.

De l'humble usine en brique d'un seul atelier qu'elle était, la compagnie Ford est devenue l'un des plus grands empires industriels au monde, fournissant directement ou indirectement du travail à des centaines de milliers de personnes.

Henry Ford, le fondateur, malgré son génie de l'industrie, vint bien près de faire naufrage à au moins deux reprises parce qu'il n'avait pas su conserver sa souplesse de caractère – l'aptitude au changement – au cours des années. Après sa mort, l'affaire fut prise en main par son petit-fils, un jeune homme tout simple en comparaison du fondateur, mais un jeune homme qui possédait une grande souplesse et la volonté de suivre la loi de la croissance par le changement.

En quelques années, le jeune homme transforma l'empire industriel Ford en une institution qui ne ressemblait plus en rien à ce que son grand-père avait accompli au cours de sa vie entière. Dans les relations de travail, dans la gestion industrielle, dans la conception et la gamme des voitures, le jeune Henry Ford se révéla être un homme qui voulait le changement au lieu de le combattre, et cette sagesse fit de lui un génie industriel du jour au lendemain.

De chaque côté, l'âme de l'homme s'écrie : « Réveille-toi, trouve la sagesse, débarrasse-toi de tes vieilles habitudes avant qu'elles ne te réduisent à l'esclavage et ne te forcent à revenir te réincarner. » Si vous voulez finir le travail pendant que vous êtes ici-bas, vous devez vous adapter à la grande loi du changement et continuer de croître.

L'âme de l'homme réclame et met en garde : « Chaque chose, chaque circonstance qui vous touche, plaisante ou déplaisante, est de l'eau au moulin de votre vie. Saisissez-la, assimilez-la à votre mode de vie et profitez-en au lieu de vous laisser tourmenter par la peur et les soucis. »

Une famille de vieille souche avait toujours vécu dans les montagnes du sud-ouest de la Virginie, dans une certaine pauvreté. Un jour, ce fut l'avènement des chemins de fer et l'on commença à exploiter les riches mines de charbon. Cette famille vendit ses terres pour une somme fabuleuse et partit pour la ville où elle se fit construire une maison moderne. Quand la maison fut terminée, avec ses trois salles de bains équipées de tout le confort moderne, l'épouse refusa que l'entrepreneur soit payé parce qu'elle prétendait que le travail n'avait pas été terminé.

« Que manque-t-il? s'enquit l'entrepreneur.

– Vous savez bien ce qui manque, répliqua la femme. Il n'y a pas de cabinets au fond du jardin.

– Eh bien, expliqua l'entrepreneur surpris, ces cabinets sont démodés lorsque vous habitez en ville. Vous avez maintenant trois belles salles de bains où vous pouvez donner toutes les attentions nécessaires en privé à votre corps et dans le plus grand confort.

– Toute ma vie, s'exclama la femme, j'ai pris plaisir à lire le catalogue Sears dans les cabinets au fond du jardin et je n'ai pas l'intention d'abandonner ce plaisir à mon âge. Construisez ces cabinets ou vous ne serez pas payé. »

L'entrepreneur s'exécuta donc! À l'inspection, la dame trouva encore à redire : « Ce n'est pas ça ! Il n'y a qu'un trou dans le siège et nous en avons toujours eu deux. »

On perça donc un autre trou, et par mesure de précaution, l'entrepreneur installa la plomberie pour l'eau chaude et l'eau froide ainsi qu'un téléphone, afin que la vieille dame riche puisse répondre à ses obligations sociales tout en lisant son catalogue Sears.

La suffisance et les vieilles habitudes avaient eu raison du changement et du progrès.

Quand les caisses enregistreuses firent leur apparition, les fabricants eurent beaucoup de difficulté à les faire accepter aux marchands, et les vendeurs en général ne pouvaient les voir sans être secoués de tremblements ! Les employés, eux, disaient que la présence de ces nouvelles machines insinuait qu'ils étaient malhonnêtes ; quant aux marchands, ils protestaient que le coût des machines et le temps qu'il fallait pour les faire fonctionner diminueraient trop leur profit.

Mais la loi du changement est obstinée et inévitable ! Maintenant, aucun marchand sain d'esprit ne gérerait un commerce au détail sans l'aide d'une caisse enregistreuse.

Lorsque le Congrès américain mit en application un système d'opérations bancaires, les banquiers en général lancèrent des hurlements de protestation. Cela signifiait un changement radical, et les banquiers, comme tous les autres, étaient opposés à tout changement qui bouleverserait leurs façons bien établies de faire des affaires. Le Federal Reserve Banking System se révéla la meilleure garantie qui n'ait jamais existé pour les banques, et aujourd'hui, si l'on suggérait d'abolir le système, les banquiers hurleraient probablement contre un tel changement.

Ce qui est révélateur, c'est le fait que le Créateur ait donné à l'homme le seul et unique moyen par lequel celui-ci ait pu se différencier de l'animal et aspirer à un état spirituel qui lui permet d'être le maître de son destin sur cette terre. Ce moyen, c'est la loi du changement. Par un simple changement de son attitude mentale, l'homme peut obtenir tout mode de vie qu'il choisit et en faire une réalité. C'est la seule et unique chose sur laquelle l'homme possède des pouvoirs irrévocables, indiscutés et indiscutables, de contrôle absolu. Ce qui suppose que ce fait a dû être considéré par le Créateur comme la prérogative de l'homme.

Les dictateurs et les soi-disant conquérants du monde viennent et passent. Ils *passent* toujours parce qu'il ne fait pas partie du plan de l'univers que l'homme soit réduit à l'esclavage. Le plan éternel veut plutôt que chaque homme soit libre, pour vivre sa vie à sa façon, pour contrôler ses pensées et ses actions, afin qu'il puisse accomplir sa destinée terrestre.

Voilà pourquoi le philosophe, qui cherche dans le passé pour déterminer ce qui adviendra dans l'avenir, ne peut s'enthousiasmer parce qu'un Hitler ou un Staline, dans leur égocentrisme, menacent la liberté de l'humanité. Ces hommes, comme presque tous ceux de même nature qui les ont précédés, vont se détruire avec leur vanité et leur soif de pouvoir. Bien plus, ces soi-disant étrangleurs de la liberté humaine peuvent n'être que des démons qui servent sans le vouloir, de force de frappe, pour réveiller l'homme de son orgueil et ouvrir la voie au changement qui entraînera des modes de vie nouveaux et meilleurs.

La nature conduit l'être humain de changement en changement par des moyens pacifiques aussi longtemps que celui-ci coopère, mais elle a recours à des méthodes révolutionnaires s'il résiste et s'il néglige ou refuse de se conformer à la loi du changement. Cette méthode révolutionnaire peut consister en la mort d'un être aimé ou en une maladie grave ; elle peut apporter un échec en affaires ou la perte d'un emploi, qui oblige l'individu à changer d'occupation et à chercher un poste dans un domaine entièrement nouveau, où de meilleures occasions s'offriront à lui.

La nature renforce la loi de l'établissement des habitudes dans toute chose vivante d'un niveau plus bas que celui de l'homme, et elle affermit de façon tout aussi déterminée la loi du changement dans les habitudes de l'homme. La nature fournit ainsi le seul moyen par lequel l'homme puisse croître et évoluer en accord avec sa place déjà déterminée dans le plan global de l'univers.

La première épreuve importante de Thomas A. Edison fut son renvoi à la maison après seulement trois mois passés dans une école primaire, avec une note de l'instituteur à ses parents disant qu'il n'était pas apte à s'instruire. Il ne retourna jamais à l'école, du moins pas dans une école ordinaire, mais il commença à apprendre tout seul à la grande école des coups durs, où il obtint une éducation qui fit de lui l'un des plus grands inventeurs de tous les temps.

Avant qu'il ne reçoive son diplôme de cette « école », il perdit emploi après emploi, pendant que la main du Destin le guidait à travers les *changements vitaux* qui le préparaient à devenir un grand inventeur. Une éducation traditionnelle aurait peut-être gâché ses chances de devenir un grand homme.

La nature sait à quoi s'en tenir quand l'adversité, la douleur physique, la peine, la détresse, l'échec et la défaite temporaire s'abattent sur quelqu'un. Souvenez-vous de cela et mettez-le à profit, la prochaine fois que vous rencontrerez l'adversité. Plutôt que de hurler à l'injustice, ou de trembler de peur, gardez la tête haute et cherchez partout pour trouver l'avantage équivalent que recèle tout revers, quel qu'il soit.

Je ne suis jamais effrayé par des changements révolutionnaires dans ma vie, qu'ils soient voulus ou qu'ils me soient imposés par des circonstances d'une nature déplaisante sur lesquelles je n'ai aucun contrôle, *car j'ai au moins le contrôle de ma réaction face à ces circonstances.* De plus, j'exerce ce privilège non pas en me plaignant, mais en cherchant ce bénéfice équivalent que chaque expérience porte en elle.

Le livre que vous lisez est bel et bien le résultat de 40 ans de changements continus et souvent radicaux que j'ai eus à faire dans ma façon de vivre. Beaucoup de changements me furent imposés ; certains furent voulus, mais tous m'amenèrent petit à petit vers la révélation du secret de la tranquillité d'esprit et de la prospérité.

Quand Andrew Carnegie me donna la responsabilité de commencer mes recherches en vue d'établir la première philosophie pratique de réalisation personnelle, j'étais si peu prêt pour ce travail que je ne connaissais même pas le sens du mot « philosophie » jusqu'à ce que je le cherche dans le dictionnaire.

Si jamais quelqu'un a commencé un travail à partir de rien, c'est bien moi. Ce que je devais faire pour me préparer à réaliser avec succès la mission que M. Carnegie m'avait confiée n'était pas un simple changement ; c'était en fait un travail de reconstruction complète ! Ce fut peut-être heureux parce que les connaissances que j'ai acquises de mes luttes personnelles me conduisirent finalement à la révélation du « miracle » suprême qui constitue le point central de cet ouvrage.

Ce travail de reconstruction nécessitait d'abord le changement de mes habitudes d'échec en des habitudes de succès qui, à la longue, m'apportèrent une vie équilibrée comprenant tout ce que je désire, ou dont j'ai besoin pour le style de vie que j'ai choisi.

Parmi les autres changements que j'ai dû effectuer en vue de l'œuvre de ma vie, il y avait ceux-ci :

a) Me guérir de l'habitude de me dénigrer à cause d'un manque de confiance.

b) Me libérer de l'habitude de céder aux sept peurs principales, dont celles de la maladie et de la douleur physique.

c) Perdre l'habitude de la misère et du manque par les restrictions que je m'imposais.

d) Perdre l'habitude de négliger de prendre pleine possession de mon esprit et de le diriger vers la réalisation de tous mes désirs.

e) Me défaire de l'habitude de l'échec en me tournant vers la reconnaissance et la liberté, ceci dans un esprit de gratitude et d'humilité.

f) Changer l'habitude de m'attendre à récolter avant d'avoir semé. Confondant mes BESOINS avec mes DROITS de recevoir.

g) Me guérir de l'idée erronée que seules l'HONNÊTETÉ et la SINCÉRITÉ DES OBJECTIFS conduisent au succès.

h) Me défaire de l'idée inexacte que l'ÉDUCATION ne s'acquiert que par le biais d'études avancées.

i) Me corriger de l'habitude d'oublier de programmer ma vie selon un emploi pratique du TEMPS.

j) Me guérir de l'habitude de l'échec pour consacrer la majeure partie de mon TEMPS à la poursuite de mon but principal déterminé dans la vie.

k) Calmer mon habitude de l'impatience.

l) Me corriger de l'habitude de l'échec pour faire l'inventaire de toutes mes richesses spirituelles et exprimer ma gratitude pour ces bienfaits.

m) Oublier l'habitude de vouloir accumuler plus de richesses que je pourrais raisonnablement en utiliser.

n) Perdre l'habitude de croire qu'il est plus agréable de RECEVOIR que de DONNER.

o) Le dernier et non le moindre, corriger l'habitude de négliger de reconnaître la source de l'Intelligence Infinie et les moyens de la contacter et de l'utiliser pour tout but désiré, par l'utilisation du MIRACLE SUPRÊME.

Cette liste ne comprend pas tous les changements que j'ai dû apporter à mes habitudes de pensée et d'action, mais ce sont les plus importants. Il est évident que la LOI DU CHANGEMENT a joué un rôle important dans ma vie et que si je n'avais pas changé, je me serais privé du privilège de donner au monde une philosophie pratique de réussite personnelle, qui m'a apporté plus de reconnaissance qu'une personne n'en a jamais espérée.

En exposant ces circonstances personnelles de ma vie aussi franchement, j'espère que vous comprendrez que je vous prépare à admettre la vérité, et que peut-être vous aurez besoin aussi de changer certaines de vos habitudes afin de pouvoir jouir d'une vie bien équilibrée, bien remplie et basée sur le style de vie que vous aurez choisi.

L'étendue des changements que vous aurez à faire dans vos habitudes présentes dépend entièrement de *vous*, mais la liste doit comprendre la maîtrise des sept peurs de base si vous désirez connaître une vie bien équilibrée et la tranquillité d'esprit.

Les sept peurs principales sont les suivantes :

(1) la peur de la PAUVRETÉ ;
(2) la peur de la CRITIQUE ;
(3) la peur de la MALADIE ou de la DOULEUR PHYSIQUE ;
(4) la peur de la PERTE DE L'AMOUR ;
(5) la peur de la PERTE DE LA LIBERTÉ ;
(6) la peur de la VIEILLESSE ;
(7) la peur de la MORT.

Dans les chapitres qui suivent, on vous donnera des instructions afin que vous puissiez maîtriser ces peurs et toutes les autres. Vous prendrez de nouvelles habitudes de pensée que vous développerez et utiliserez au lieu des vieilles habitudes qui ont rendu ces peurs possibles. Quels que soient les autres changements qu'il vous faudra apporter pour une vie harmonieuse, il reste que la maîtrise de ces sept peurs est une nécessité dans votre programme de reconstruction de votre existence.

Soyez certain que ces directives ne vous imposeront aucune privation ni aucune action dépassant vos capacités de contrôle. Elles ont un prix, mais elles sont à la portée de tous les gens normaux.

Nous sommes où nous sommes et ce que nous sommes à cause de nos habitudes quotidiennes !

Nos habitudes sont sous notre contrôle et elles peuvent être changées en tout temps par notre volonté. Cette prérogative est le seul et unique privilège sur lequel l'individu a le plein contrôle. Les habitudes viennent de nos pensées, et nos pensées sont des choses sur lesquelles le Créateur nous a donné le plein droit de contrôle. De plus, d'abondantes récompenses sont rattachées à ce droit pour l'avoir exercé, ou de terribles châtiments pour avoir négligé de le faire.

4

Nos guides invisibles :
Le deuxième miracle de la vie

Nos guides invisibles, dont l'existence ne peut être prouvée que par ceux qui les ont reconnus et ont accepté leurs services, demeurent à notre disposition depuis notre naissance jusqu'à notre mort.

Ces puissances surnaturelles nous guident lorsque nous sommes éveillés et veillent sur nous lorsque nous dormons, même si la plupart des gens passent leur vie sans savoir qu'elles existent.

Il n'est pas dans mes intentions de faire une longue dissertation pour mettre en évidence l'existence des guides invisibles qui aident les êtres humains ; je veux simplement les souligner pour mes compagnons et pour mes compagnes de voyage qui sont prêts à accepter toute source d'aide qu'ils peuvent découvrir dans leur recherche d'un mode de vie qui réponde à leurs besoins et les conduise à la tranquillité d'esprit.

N'eût été l'aide que j'ai reçue de mes « amis » invisibles, je n'aurais jamais pu donner au monde la science de la réussite qui aide actuellement des millions de gens à reconnaître et à mettre en pratique leurs sources intérieures de puissance.

Huit de mes guides invisibles ont été reconnus et déterminés, chacun selon la nature du service qu'il rend. Ils sont ici décrits en détail, mais on ne doit pas oublier que les huit guides invisibles sont le produit de mon imagination et qu'ils sont à la disposition de tous ceux qui désirent les utiliser.

Je traite mes huit guides invisibles comme s'ils étaient des personnes réelles qui sont sous mon commandement pour la vie. Je leur donne des ordres et je les remercie pour leurs services exactement comme je le ferais avec une personne. Et ils réagissent à mes requêtes comme s'ils étaient des personnes réelles.

Voici une description des huit guides invisibles avec une explication du service rendu par chacun.

Les huit guides invisibles

1. LE GUIDE DE LA PROSPÉRITÉ FINANCIÈRE. La seule responsabilité de ce guide invisible est de voir à me fournir chaque chose matérielle que je désire ou dont j'ai besoin pour maintenir le style de vie que j'ai adopté. Les soucis d'argent, qui détruisent la tranquillité d'esprit de tant de gens toute leur vie, je n'en connais jamais. Quand j'ai besoin d'argent, il est toujours disponible, quel que soit le montant dont j'ai besoin, *mais je ne m'attends jamais à obtenir de l'argent sans donner quelque chose de valeur égale en retour;* habituellement, c'est un service rendu au profit des autres.

2. LE GUIDE DE LA SANTÉ PHYSIQUE. La seule responsabilité de ce guide invisible est de toujours maintenir

mon organisme en parfait état, y compris le conditionnement du corps pour toute mise au point qui doit être faite, telle que me préparer pour une visite chez le dentiste. Avant que ce guide ne prenne le pouvoir, j'étais sujet aux maux de tête, à la constipation, et parfois à l'épuisement physique; maintenant tous ces désagréments ont disparu. Le guide de la santé physique maintient en bon état tous les organes vitaux de mon corps et voit à leur bon fonctionnement en tout temps, maintient le milliard de cellules individuelles de mon corps adéquatement chargées de résistance physique et me *procure l'immunité nécessaire contre toutes les maladies contagieuses.*

Qu'on se souvienne toutefois que je coopère avec le guide de la santé physique en ayant un mode de vie raisonnable, tels qu'une alimentation saine, suffisamment de sommeil et des activités qui me permettent d'équilibrer mon travail avec une somme égale de détente. Mais surtout, *je garde mon esprit absorbé dans une pensée constructive, positive,* et je ne retiens aucune forme de peur, de superstition ou de neurasthénie.

Et enfin, avec chaque parcelle de nourriture et chaque goutte de liquide qui entre dans ma bouche, j'ajoute une dose généreuse de respect, par lequel j'exprime des remerciements à mon guide de la santé physique qui me maintient en parfaite santé.

J'aime le calme dans toutes les circonstances de ma vie, mais je me fais surtout une joie de manger dans une joyeuse sérénité. Nous n'avons établi aucune période de discussion familiale, chez nous, mais si nous en avions une, *ce ne serait surtout pas au moment des repas,* comme c'est le cas dans beaucoup de foyers.

Chaque pensée qu'on exprime en mangeant devient une partie de l'énergie qui entre dans la nourriture et dans le flot sanguin, et cette pensée fait son chemin jusqu'au cerveau où elle vous rend heureux ou malheureux selon qu'elle est positive ou négative. Cette vérité est mise en évidence dans le cas de la mère qui nourrit son enfant au sein.

Si elle devient soucieuse, donc négative, pour une raison quelconque, pendant qu'elle nourrit l'enfant, son état d'esprit rendra son lait toxique pour l'enfant, qui souffrira alors d'indigestion ou de coliques. Et c'est bien connu des médecins que la plupart des ulcères d'estomac sont principalement attribuables aux soucis et aux pensées négatives.

Il est donc évident que le guide de la santé physique doive compter sur un très bon degré de coopération intelligente pour que le corps fonctionne efficacement et en tout temps. C'est le prix qu'on doit payer pour une bonne santé.

3. LE GUIDE DE LA TRANQUILLITÉ D'ESPRIT. La seule responsabilité de ce guide invisible est de garder l'esprit libre de toute influence négative, telles que la peur, la superstition, la cupidité, l'envie, la haine et la convoitise. Le travail du guide de la tranquillité d'esprit est relié à celui du guide de la santé physique. Grâce à l'action de ce guide invisible, on peut fermer la porte à toutes les pensées et à toutes les circonstances désagréables du passé, ainsi qu'à toutes les expériences déplaisantes prévues pour l'avenir, comme les interventions chirurgicales.

Le guide de la tranquillité d'esprit maintient celui-ci si occupé à des sujets de son choix qu'il ne reste aucune place aux pensées de nature négative. Pour elles, les portes de l'esprit sont hermétiquement closes! Ce guide invisible érige un mur de protection autour de nous, ce qui élimine tout ce qui pourrait conduire au souci, à la peur ou à l'anxiété, exception faite des circonstances qui doivent être prises en considération étant donné qu'elles concernent nos obligations envers autrui; et ces dernières sont tellement transformées qu'elles sont facilement menées à bonne fin.

Il y a toujours des relations humaines qui peuvent être désagréables sur le moment, mais qu'on doit admettre et avec lesquelles ont doit traiter, comme les détails de gestion d'un commerce, d'une profession, d'un emploi, ou du budget familial, et il y a toujours des imprévus déplaisants auxquels on doit faire face, comme la mort d'amis ou de gens aimés. Pour toutes ces occasions, le guide de la tranquillité d'esprit aide l'individu à établir un lien entre la cause et l'effet *tout en l'aidant à conserver son équilibre mental.*

4. LE GUIDE DE L'ESPOIR. ⎱ Ces deux derniers

5. LE GUIDE DE LA FOI. ⎰ agissent de concert.

La seule responsabilité de ces guides invisibles est de laisser ouverte pour moi, en tout temps et en toutes circonstances, la porte qui donne sur l'Intelligence Infinie. Ces jumeaux m'empêchent d'être désavantagé par des restrictions inutiles relatives à l'œuvre de ma vie, et ils m'aident à organiser mes plans de façon à ce *qu'ils se conforment aux lois de la nature et aux droits de la personne.*

Ils me permettent aussi de voir ces plans se concrétiser en esprit avant même que je les exécute dans la réalité. De plus, ils me détournent de tout plan ou de tout but qui, s'il était réalisé, pourrait causer un grand tort, à d'autres ou à moi-même.

Les guides de l'espoir et de la foi me permettent de rester en contact avec les forces spirituelles qui agissent à travers moi, et ils me guident vers des objectifs qui profitent à ceux avec qui j'entre en contact, soit personnellement ou par mes écrits. C'est pourquoi les lecteurs de mes livres réussissent à planifier leur vie et à bien la vivre.

Ces guides de l'espoir et de la foi me font déborder d'un enthousiasme suffisant pour m'empêcher de toujours remettre à plus tard. Ils conservent mon imagination alerte et active pour planifier le travail auquel je voue ma vie entière. Ils m'aident à trouver joie et bonheur dans tout ce que je fais. Et ils m'aident à comprendre les maux du monde sans les épouser ou sans être blessé par eux.

Ils m'aident à marcher avec tous les hommes, les saints et les pécheurs, *tout en restant le maître de mon destin, le capitaine de mon âme!* Ils gardent mon ego alerte et actif, tout en le maintenant humble et reconnaissant. Enfin, ils m'aident à surmonter les vagues du chaos et de la confusion dans un monde qui subit des changements rapides dans les relations humaines, *sans que j'aie à négliger ou à renoncer à mon privilège de contrôler et de diriger mon esprit vers quelque fin que ce soit.*

Avec l'espoir et la foi comme guides constants, je neutralise les choses déplaisantes de la vie en les convertissant en forces positives par lesquelles je mène mes aspirations et mes buts à bonne fin. Avec l'aide de ces guides jumeaux, tout ce qui parvient au moulin de ma vie est converti en autant d'occasions favorables.

6. LE GUIDE DE L'AMOUR.   } Les deux

7. LE GUIDE DE LA VIE   } agissent ensemble.
   SENTIMENTALE.

La seule responsabilité de ces guides invisibles est de me garder jeune de corps et d'esprit et ils font si bien leur travail que je célèbre chaque anniversaire *en soustrayant un an à mon âge!* Et l'heureux résultat est que je sens, je pense, je travaille et je me distrais comme si j'avais 20 ans de moins.

Les guides de l'amour et de la vie sentimentale procurent à mon travail une joie qui ne connaît ni le découragement ni la fatigue, et *ils incitent mon imagination à créer avec facilité les modèles des choses que je veux accomplir.* Ces guides invisibles m'aident à revivre les amours et les fantaisies qui se sont envolées, et ils me rappellent les expériences passées qui ont servi à m'amener à mon «autre moi», ce moi qui retient la beauté et évite le caractère déplaisant de la vie.

Ces deux guides m'ont aidé à transformer en sagesse les peines, les frustrations et les échecs du passé, et ils ont donné de la subtilité à mon âme, subtilité qu'elle n'aurait connue par aucun autre moyen. Ils m'aident à reconnaître l'objectif de ma destinée sur terre et à me procurer les moyens de surmonter les obstacles qui m'empêcheraient de le réaliser. Ils m'aident à ce que chaque jour de ma vie me rapporte des messages de joie qui font plus que compenser la nécessité des luttes quotidiennes.

Le guide de l'amour et celui de la vie sentimentale m'ont donné souplesse et facilité d'adaptation pour toutes les circonstances qui affectent ma vie, celles qui sont plaisantes comme celles qui sont désagréables, de telle sorte que je ne perde pas le privilège de contrôler et de diriger mon esprit vers n'importe quel but de mon choix.

Ils me fournissent un sens aigu de l'humanité à l'aide duquel je m'adapte favorablement à toutes mes relations humaines; ces deux guides m'aident à attirer les gens et les circonstances dont j'ai besoin pour que je sois heureux de mon passage dans la vie.

Amour et vie sentimentale m'aident à reconnaître, à faire jaillir et à accroître cette source, d'un avantage équivalent, qui surgit de chaque revers, chaque frustration, chaque échec et chaque déception.

L'amour et la vie sentimentale sont les seuls moyens grâce auxquels j'ai pu échanger avec élégance ma jeunesse contre la sagesse qui me permet d'attacher le prix que je veux à la vie, qui me paie alors de retour. Et ils m'empêchent de *vouloir trop ou trop peu*. Ils m'ont enseigné à prier : « Aide-moi, Seigneur, à acquérir les choses qui sont bonnes pour moi et empêche-moi de désirer les choses dont je n'ai pas besoin. »

L'amour et la vie sentimentale sont les décorateurs de la pièce supérieure où demeure mon âme ! Ils m'obligent à la reconnaissance pour les choses que j'ai ; ils m'empêchent de pleurer sur les choses que je n'ai pas. Et si je devais m'abandonner à un amour qui n'est pas réciproque, le guide de la vie sentimentale m'aiderait à trouver une compensation dans la joie qu'apporte cet abandon, et à me faire reconnaître que l'amour rejaillit sur ceux qui le donnent.

Ces guides m'aident à exprimer de la pitié pour les autres là où, sans le soutien de ces guides, je pourrais exprimer de la haine ; ils m'aident aussi à guérir rapidement les blessures qui me sont infligées par les préjugés et les injustices des autres.

8. LE GUIDE DE LA SAGESSE ILLIMITÉE. Ce guide rend de multiples services. D'abord et avant tout, le guide de la sagesse illimitée inspire aux sept autres guides une action éternelle, qui permet à chacun d'entre eux de mener à bien sa tâche et de me protéger, tant pendant mon sommeil que lorsque je suis éveillé.

Ce guide invisible réalise un autre service miraculeux en transformant pour moi en avantages *tous les échecs, toutes les défaites et toutes les circonstances déplaisantes que j'ai connus dans le passé,* de telle sorte que tout ce qui a affecté ma vie avant aujourd'hui est devenu un atout de grande valeur.

Le guide de la sagesse illimitée me guide au carrefour de la vie, lorsque des doutes m'assaillent quant à la voie à emprunter, et me donne le signal d'aller de l'avant ou d'arrêter selon mes buts, mes plans et mes résolutions.

Il y a à mon service d'autres guides invisibles dont je ne connais pas le nom. Je ne comprends pas tout à fait, non plus, toute l'étendue et la nature des services qu'ils rendent, sauf que, quoi que ce soit dont j'ai besoin pour poursuivre l'œuvre de ma vie, ou quoi que je puisse désirer pour *obtenir une paix constante de l'esprit,* ils sont toujours prêts à m'obéir sans que j'aie à faire d'efforts.

Ces guides mystérieux se sont révélés à moi il y a plusieurs années, alors qu'ils mettaient un terme à mes plans qui se soldèrent par un échec cuisant parce que je m'étais écarté de ma mission principale dans la vie, cette mission étant l'organisation et la propagation de la science de la réussite. De temps à autre, à mesure que je me faisais connaître du public avec l'œuvre de ma vie, on m'avait offert ce qui me semblait être des occasions fabuleuses de commercialiser mes talents et mon expérience.

L'une de ces occasions me fut offerte par Ivy Lee, qui était à l'époque le conseiller en relations publiques de la famille Rockefeller. J'acceptai l'offre, mais on n'y donna jamais suite, et cette simple acceptation me coûta la perte du *Golden Rule Magazine* que j'avais fondé comme étant un produit de ma philosophie.

Après avoir essuyé échec après échec et avoir été tenté chaque fois d'abandonner ou de négliger ma mission principale dans la vie, je commençai à remarquer que les difficultés amenées par chaque échec étaient immédiatement balayées à partir du moment où je me remettais sur la voie pour continuer ma mission. Cela se produisit si souvent qu'on ne pouvait croire à une simple coïncidence.

Je sais d'expérience que des guides amis sont à la portée de toute personne qui saura les reconnaître et qui acceptera leurs services. Pour s'assurer les services de ces guides invisibles, deux choses sont nécessaires : premièrement, on doit exprimer de la gratitude pour les services rendus ; deuxièmement, *on doit suivre leurs conseils à la lettre.* La négligence de l'un ou l'autre mène sûrement, sinon rapidement, au désastre. Peut-être ceci peut-il expliquer pourquoi certaines gens ne connaissent que des ennuis, qu'ils ignorent avoir causés eux-mêmes.

Pendant plusieurs années, je fus tellement sensible au sujet de ces guides invisibles dont j'avais senti la présence, que j'évitai soigneusement toute allusion à eux, dans mes écrits comme dans mes conférences. Puis, au cours d'une conversation avec Elmer R. Gates, homme de science et inventeur distingué, je fus transporté de joie quand j'appris que non seulement il avait découvert la présence des guides invisibles, mais qu'il avait formé une alliance avec eux, ce qui lui permettait de perfectionner un plus grand nombre d'inventions et d'obtenir plus de brevets qu'on n'en avait jamais accordés au grand inventeur Thomas A. Edison.

À partir de ce jour-là, je commençai à me renseigner auprès des centaines de personnes qui avaient connu le succès et qui collaboraient avec moi dans l'organisation de la science de la réussite ; je découvris que *chacune d'elles avait reçu des conseils de sources inconnues,* même si plusieurs d'entre elles étaient peu enclines à admettre ce fait. Mon expérience avec les hommes, dont les réalisations personnelles ont été de très grande envergure, m'a révélé qu'ils préféraient donner le crédit de leur succès à leur *supériorité individuelle*.

Thomas A. Edison, Henry Ford, Luther Burbank, Andrew Carnegie, Elmer R. Gates et Alexander Graham Bell décrivirent en long et en large leurs expériences avec des guides invisibles, même si certains de ces hommes ne parlaient pas de ces sources d'aide invisibles en termes de « guides ». Graham Bell, en particulier, croyait que la source d'aide invisible n'était qu'un contact direct avec l'Intelligence Infinie, établi grâce à la stimulation de son esprit par un désir ardent d'atteindre des objectifs précis.

Guidée par des forces invisibles, Marie Curie découvrit le secret et la source du radium, même si, au départ, elle ne savait pas où le chercher ni à quoi il ressemblerait si elle le trouvait.

Thomas A. Edison avait un point de vue intéressant sur la nature et la source des forces invisibles qu'il utilisait dans son travail de recherche dans le domaine de l'invention. Il croyait que toutes les pensées émises par tous les peuples de tous les temps sont captées et intégrées à l'éther, où elles demeurent à jamais ; il croyait également que chacun peut se « mettre à l'écoute » et, en conditionnant son esprit au moyen d'un objectif précis, contacter n'importe quel genre de pensées qui pourraient être reliées à cet objectif. Par exemple, Edison découvrit que lorsqu'il concentrait ses pensées sur une idée qu'il voulait perfectionner, il pouvait se mettre à l'écoute et cueillir, à même la grande réserve illimitée de pensées regroupées dans l'éther, des pensées qui avaient été émises précédemment par d'autres qui avaient pensé dans le même sens que lui.

Il comparait cela à l'eau qui poursuit sa course à travers ruisseaux et rivières, rend une multitude de services à l'humanité, puis retourne finalement à l'océan d'où elle vient, pour devenir là une partie de la grande masse d'eau, où elle est purifiée et de nouveau prête à recommencer tout son voyage encore une fois. Ce va-et-vient de l'eau qui ne diminue ni n'accroît sa quantité trouve son équivalent dans l'énergie de la pensée.

Thomas A. Edison croyait que l'énergie avec laquelle nous pensons fait partie de l'Intelligence Infinie et que celle-ci se spécialise en une multitude d'idées et de concepts à travers le cerveau de l'homme. Ces idées, une fois émises, retournant, comme l'eau à l'océan, au grand réservoir d'énergie où elles sont alors classées avec toutes les autres pensées du même type.

Il rejetait définitivement la croyance de certains qui prétendent que les guides invisibles sont des gens morts qui vécurent sur terre. Je suis d'accord avec cette décision, car *je n'ai jamais trouvé la plus petite preuve qui indique que les gens qui quittent cette terre communiquent parfois avec ceux qui sont vivants.* En toute honnêteté envers ceux qui pourraient croire le contraire, j'admets franchement que ce n'est que mon opinion personnelle, et que cette opinion ne se base pas sur des preuves, mais plutôt sur une absence de preuves.

En relisant les pages de l'histoire de l'humanité, l'on ne peut qu'être profondément impressionné de constater qu'un leader est toujours apparu, qui avait la *sagesse intérieure* nécessaire pour permettre à la civilisation de survivre, quand les gens ont été dépassés par une grande crise qui menaçait de détruire les réalisations de la civilisation.

Nous avons eu la preuve que le leader qu'il faut apparaît toujours dans les temps de grande crise. Il en fut ainsi quand les Britanniques menacèrent la liberté du peuple des colonies américaines, en 1776, et que George Washington arriva avec sa petite armée de soldats sous-alimentés, mal vêtus, non entraînés et mal armés.

Nous en avons eu une autre preuve en la personne de ce grand leader qu'était Abraham Lincoln, qui mit fin à la guerre de Sécession.

Et nous en avons encore des preuves dans les deux grandes guerres mondiales, quand nous fûmes obligés de combattre les forces combinées de la science, manipulées par des barbares qui voulaient détruire les droits de la personne et la liberté individuelle partout au monde.

Dans chacun de ces cas, il y eut toujours des forces et des circonstances invisibles qui aidèrent le BIEN à triompher du MAL.

À sa naissance, chaque individu est accompagné de guides invisibles en quantité suffisante pour répondre à tous ses besoins. Il y a des pénalités prévues pour ceux qui négligent de les reconnaître et de les utiliser, et il y a des récompenses pour ceux qui les reconnaissent et les utilisent. Les récompenses consistent dans la sagesse nécessaire à assurer le succès individuel pour mener à bien sa mission dans la vie, quelle qu'elle soit, et de lui montrer la voie qui conduit à la richesse la plus inestimable, *la tranquillité d'esprit.*

Tout au long de ce volume, j'ai décrit au moyen de plusieurs expressions et d'exemples le secret suprême de toutes les réalisations humaines. Ceux qui découvriront ce secret recevront en même temps les moyens de reconnaître et de mettre à leur service les guides invisibles qui sommeillent en eux.

La présence de ces guides et la preuve de leur service actif se manifesteront par les améliorations et les avantages qui seront tangibles à partir du jour même où les guides seront reconnus et que des *instructions déterminées* leur seront données.

Fantaisiste et peu réaliste, s'exclame-t-on ?

Non, « miraculeux » est un meilleur mot parce que personne, d'aussi loin que je me souvienne, n'a jamais pu expliquer la source de ces guides invisibles, ou comment et pourquoi ils ont la tâche de guider la vie de chaque personne vivante. Mais il y a des milliers de gens parmi les étudiants de la science de la réussite qui savent que les guides existent, parce qu'eux aussi ont appris la méthode – le secret suprême – par laquelle on peut profiter de leurs conseils en permanence.

Les guides invisibles sont logés dans cet « autre moi » que chaque personne possède, ce moi qu'on ne voit pas quand on se regarde dans un miroir, ce moi qui ne reconnaît pas le mot « impossible », ni les limites de quelque nature que ce soit, ce moi qui est le maître de toute douleur physique, de toute peine, de la défaite et de l'échec temporaire.

Quelque part en chemin, durant la lecture de ce volume, votre autre moi peut surgir de ces phrases et vous pourrez le reconnaître, si ce n'est déjà fait. À ce moment-là, tournez la page et marquez-la pour vous y reporter à l'avenir, car vous en serez alors à un tournant essentiel de votre vie.

Nulle part dans ces commentaires, je ne tente de prouver quoi que ce soit ! J'essaie seulement de présenter au lecteur cet autre moi qui, une fois reconnu, donnera toutes les preuves que l'on puisse désirer. Ce n'est qu'une autre façon de dire que j'essaie d'inciter le lecteur à regarder à l'intérieur de lui-même pour qu'il trouve la réponse à l'énigme de la vie : PENSER par lui-même !

Instructions à donner à votre autre moi quand vous dormez

Le temps approche où l'on pourra traiter les indispositions physiques, maîtriser les complexes d'infériorité et conditionner l'esprit pour atteindre tout but désiré pendant son sommeil. Bien plus, il sera possible de maîtriser toute langue étrangère et d'acquérir des connaissances dans n'importe quel domaine pendant le sommeil.

Ces réalisations, qui semblent fantastiques, seront une réalité avec l'aide d'un magnétophone spécialement conçu qui fera passer toutes les 15 minutes, pendant le sommeil, des enregistrements traités scientifiquement, sur quelque sujet que ce soit. Une minuterie permet de ne déclencher la bande qu'après que l'on se soit endormi.

Voici la raison de cette façon de procéder : À l'état de veille, la partie consciente de l'esprit monte la garde à la porte du subconscient et modifie ou rejette directement toutes les influences et les directives qu'on peut tenter de donner au subconscient. Et l'esprit conscient est un censeur très sévère. Il semble être plus facilement influencé par la peur, la suspicion et le doute qu'il ne l'est par des influences positives. C'est pourquoi toute directive qu'on désire donner au subconscient lui parviendra mieux si l'esprit conscient est endormi.

L'autre moi ne peut être atteint qu'à travers le subconscient, et cette entité formidable, que possède chacun de nous, est associée à une puissance mystérieuse qui existe au même titre que nos guides invisibles

Ce système de traitement pendant le sommeil sert surtout au développement de traits de caractère valables, et à l'élimination d'habitudes indésirables chez les enfants. Cela peut se faire à leur insu, durant leur sommeil.

Tout traitement en vue des interventions du dentiste ou du chirurgien doit être recommandé et surveillé par le médecin ou le dentiste.

5

Le langage universel de la douleur : Le troisième miracle de la vie

La douleur physique est le langage universel par lequel Dame Nature parle à chaque créature sur terre, et il est *compris et respecté de tous*. Je n'ai jamais connu une personne normale qui ne redoute pas la douleur physique. Je n'ai jamais connu quelqu'un qui n'essayait pas par tous les moyens de l'éviter. Toutefois, la douleur est l'un des mécanismes les plus ingénieux de la nature, parce que c'est le moyen par lequel elle oblige les individus, de quelque intelligence qu'ils soient, à observer la loi de l'instinct de conservation.

Quand la douleur physique se manifeste, l'individu réagit et s'efforce d'en supprimer la cause. Si la douleur se présente sous forme de maux de tête, l'individu intelligent en recherche généralement la cause et trouve assez souvent qu'elle vient d'une intoxication causée par une élimination insuffisante. Une dose de sels ou un lavement apporte un soulagement temporaire immédiat.

Si l'individu qui ne réfléchit pas a un mal de tête, il est probable qu'il va avaler quelques comprimés d'aspirine et dire : « Voilà ! Maintenant, ça va régler le problème. »

71

Ces comprimés agiront en effet temporairement, non en supprimant la cause, mais en paralysant temporairement le nerf qui lance le cri d'avertissement de son point d'origine vers le cerveau, où quelque chose pourrait et devrait être fait pour lui.

Quand des manifestations moins fortes de douleur ne réussissent pas à inciter l'individu à tenir compte de l'appel, et à en rechercher la cause, la nature va généralement le terrasser et l'envoyer au lit pour une période de maladie *salutaire*, pendant laquelle elle lui donne une cure physique complète. La personne intelligente ne parle jamais de la maladie comme d'une malchance, mais la considère plutôt comme une bénédiction, une sorte de générosité miséricordieuse que lui accorde Dame Nature, par laquelle lui est rendue sa vitalité. Le contraire nous conduirait à ses funérailles.

La douleur et les maux physiques ne sont des malédictions que lorsqu'ils sont considérés ainsi par ceux qui ne les reconnaissent pas comme des mécanismes pour le bien de l'homme. Sans eux, personne ne pourrait survivre à l'espérance de vie actuelle.

Quand la nature hospitalise un individu ou qu'elle l'oblige à s'aliter chez lui, elle le retire de l'action afin qu'il puisse utiliser toute son énergie pour se rétablir. Elle lui donne aussi le repos dont il a tant besoin pour retrouver le pouvoir et l'usage de son esprit, de même que pour méditer et réfléchir *sur la cause de ses maux*. Ainsi, il pourra découvrir que la cause de sa maladie est un ensemble d'erreurs qu'il aurait pu éviter s'il avait écouté la voix de la douleur.

La maladie physique est une si grande bénédiction que ceux qui envoient des cartes de sympathie à leurs amis malades devraient plutôt leur envoyer des lettres de félicitations dont le message ressemblerait à celui-ci : « Félicitations pour votre chance d'avoir une période bénie de repos et d'être soigné par le plus grand de tous les médecins, le docteur Temps, qui sait ce dont vous avez besoin et verra à ce que vous le receviez. »

Adoptez cette *attitude positive* par rapport aux maux physiques, et observez comment votre attitude mentale aide à supprimer la cause de votre maladie. Alors, vous reconnaîtrez que la douleur physique et la maladie sont des bénédictions sans lesquelles l'homme ne survivrait pas.

De concert avec le langage universel de la douleur, la nature a ingénieusement fourni les moyens de supporter la douleur, et elle a donné aussi une solution intérimaire quand la capacité d'endurance a été atteinte : c'est l'inconscience. Quand la douleur dépasse le niveau d'endurance humaine, la personne tombe dans le sommeil de l'inconscience.

On retrouve deux formes de douleur. L'une est physique ; l'autre est mentale et elle n'existe que dans l'esprit. La plupart des douleurs physiques sont largement accrues par les réactions mentales. En médecine dentaire, par exemple, il y a à peu près 10 % de douleur physique et *90 % de douleur mentale.* La majeure partie de la souffrance en médecine dentaire survient sous forme de peur, avant que le patient ne s'installe dans le fauteuil du dentiste. La technique dentaire moderne n'a réussi à supprimer que la douleur physique ; et la psychologie moderne, comme je l'ai démontré dans un chapitre ultérieur, a balayé la douleur mentale de la médecine dentaire.

La maîtrise de la douleur physique pose l'un des plus grands défis à ceux qui cherchent la tranquillité d'esprit par l'autodiscipline. Elle fournit une occasion sans pareille de *prendre pleine possession de son esprit.* C'est *la* chose à faire pour que la vie nous apporte ce que nous désirons. Maîtrisez votre appétit en suivant la formule donnée dans un chapitre ultérieur – mettez votre estomac sous votre plein contrôle – et la maîtrise de la peur de la douleur physique ne sera pas difficile.

Les Amérindiens n'ont jamais eu peur de la douleur physique. À l'origine, avant qu'ils ne soient amollis et corrompus par la venue de l'homme blanc, quand ils étaient blessés, ils continuaient à vaquer à leurs occupations quotidiennes comme si rien n'était arrivé. Tenant compte de ce que faisaient les Amérindiens, plusieurs chirurgiens demandent maintenant à leurs patients qui ont subi certains types d'interventions chirurgicales de retourner à leur routine quotidienne très peu de temps après leur opération.

Le chirurgien reconnaît, ainsi que l'avaient peut-être fait les Amérindiens, que la nature fait un merveilleux travail de guérison quand on se fie à elle et qu'on apprend à coopérer avec elle de façon intelligente.

Dans les montagnes du Sud, certaines femmes donnent naissance à leur bébé et retournent à leur travail le jour suivant, même celles qui travaillent aux champs. Elles ne font pas plus d'histoires pour la naissance d'un enfant que plusieurs femmes pour un mal de tête ou un rhume; et surtout, *elles ne connaissent pas la peur de la douleur physique!*

Dans les batailles, en temps de guerre, il n'est pas rare que des hommes continuent à se battre après avoir été blessés gravement, souvent sans réaliser leur souffrance, tant que la bataille n'est pas finie. Sous le stress de la bataille, l'esprit du soldat est si totalement concentré sur ce qu'il doit faire qu'il plane au-dessus de la peur de la douleur physique ; *par conséquent, il ne sent pas la douleur jusqu'à ce que ses émotions reviennent à la normale.*

En nous servant de l'exemple précédent, il devrait nous être évident que la nature nous a dotés d'un merveilleux mécanisme avec lequel nous pouvons nous élever au-dessus de la douleur physique ou mentale, et maîtriser chaque forme de peur aussi bien que de surmonter les peines et les frustrations de quelque nature que ce soit. La formule précise par laquelle ceci peut être accompli est clairement établie dans le chapitre qui décrit comment on peut préparer son esprit pour une chirurgie dentaire.

Pendant mes 40 et quelques années d'expérience dans l'édification et l'enseignement de la science de la réussite, j'ai eu le privilège d'entrer en contact étroit avec presque chaque genre connu de problèmes humains et chaque type d'êtres humains. L'une des leçons impressionnantes que j'ai tirées de ces contacts réside dans le fait que ceux qui réussissent le mieux, *les vrais grands,* les leaders dans leur domaine, ont maîtrisé la peur de la douleur physique et mentale. Inversement, j'ai observé que ceux qui ont échoué et ceux qui ne font jamais rien de bon sont les victimes de la douleur physique et mentale, et ceci peut aller jusqu'à l'obsession.

De cet énoncé, il ressort clairement qu'il existe une relation directe et significative entre la maîtrise de la peur de la douleur physique et mentale et la réalisation de la réussite personnelle. Ceci signifie que la maîtrise de la douleur physique et mentale indique fermement qu'on a complètement pris en charge son esprit, *cet esprit étant la seule et unique chose sur laquelle le Créateur a donné à l'homme le privilège du contrôle absolu.*

Au cours de ma recherche dans les causes de la réussite et de l'échec, j'ai donné plusieurs cours auxquels s'étaient inscrits des hommes et des femmes de toutes les positions sociales. L'un des personnages les plus remarquables que j'aie connus était une veuve qui assistait à l'une de mes classes à Washington, D.C. Elle avait perdu son mari durant la Première Guerre. Peu de temps après, elle tomba malade et dut subir une grave intervention chirurgicale.

Celle-ci ne fut pas réussie et elle dut en subir deux autres. Les dépenses encourues par sa maladie l'obligèrent à vendre sa modeste maison. Donc, à sa sortie de l'hôpital, elle n'avait aucun endroit où vivre. Elle avait deux fils qui étaient mariés, mais aucune de ses brus ne voulut la garder chez elle, même temporairement. Elle avait un frère et une sœur, mais aucun d'eux ne voulut prendre soin d'elle pendant sa convalescence.

Finalement, le pasteur de l'église qu'elle fréquentait auparavant prit l'affaire en main et trouva un voisin qui lui offrit provisoirement l'hospitalité. C'est alors que j'ai rencontré cette femme remarquable pour la première fois, ayant été appelé à son chevet dans l'espoir que je pourrais l'aider à se suffire à elle-même.

Il va sans dire que c'était un cas de charité et je n'avais aucunement l'intention de lui faire payer quoi que ce soit pour mes services, mais j'eus la surprise de ma vie quand j'ai dit à la dame que je voulais qu'elle vienne étudier avec moi, sans qu'elle ait à défrayer pour assister à mes cours. Je considère sa réponse à mon offre comme un classique digne d'être cité ici :

« Vous êtes très bon, commença-t-elle, mais j'ai toujours cru qu'on n'avait rien pour rien.

« Vous êtes un professionnel et vous gagnez votre vie en enseignant aux autres la façon de vivre correctement. Par conséquent, je vais me joindre à votre classe et me placer sous votre direction, seulement à la condition de faire un arrangement pour un paiement différé.

« C'est vrai que j'ai souffert de douleurs physiques et d'anxiété, mais je n'ai pas cessé de me battre, pas plus que je n'ai été terrassée par ces circonstances pénibles. Je n'ai aucun revenu en ce moment, mais j'ai l'usage de toutes mes facultés et j'ai l'intention de les utiliser comme le Seigneur s'y attend pour me libérer de la misère et de toute forme de peur.

« J'ai perdu mon mari, mais la même chose est arrivée à des milliers d'autres femmes, et je ne suis pas meilleure qu'elles.

« Mes enfants, mon frère et ma sœur ont refusé de m'aider quand j'en avais besoin, mais leur refus leur a fait plus de mal qu'à moi parce qu'il les a privés de l'occasion d'être miséricordieux pour une personne sans ressources, et m'a permis de trouver une façon de retrouver mon indépendance en utilisant mon esprit.

« Je ne regrette pas les souffrances à travers lesquelles je suis passée. J'y ai appris l'endurance avec laquelle je gagnerai par moi-même ma liberté dans l'avenir.

« Et je n'en veux pas à ma famille, continua-t-elle, d'avoir refusé de venir à mon aide, parce que leur refus m'a donné une occasion magnifique de répondre à la demande du Seigneur de pardonner à ceux qui nous ont offensés : *Pardonnez-nous nos offenses comme nous pardonnons à ceux qui nous ont offensés.*

« À travers tous ces revers, j'ai trouvé un bénéfice équivalent : J'ai découvert le pouvoir de mon esprit et les moyens de faire en sorte que ce pouvoir puisse maîtriser la peine et la souffrance.

« Mais le plus merveilleux avantage que j'ai tiré de ces revers, c'est la découverte que la souffrance, que ce soit une douleur physique ou mentale, *met quelqu'un dans une position favorable pour faire appel au Seigneur.*

« Avant que mon mari ne soit tué, j'appartenais à une Église !

« Après avoir traversé tous mes malheurs, sans en être terrassée, je suis devenue chrétienne et maintenant, *je vis ma religion, plutôt que de l'accepter simplement comme une croyance.*

« Vraiment, à l'heure de mes plus grandes souffrances, j'ai découvert mon âme invisible ! Alors, vous pouvez sûrement comprendre pourquoi je n'en veux pas à mes proches parents, car c'est par leur abandon plus que par n'importe quoi d'autre que j'ai pu connaître les pouvoirs de mon esprit.

« Je n'ai aucun regret pour moi-même, mais j'ai beaucoup de regret pour les membres de ma famille parce qu'ils n'étaient pas prêts à saisir cette merveilleuse occasion de découvrir la grandeur de leur esprit dans l'exercice de la miséricorde envers quelqu'un qui avait le droit de s'attendre à leur aide. »

Cette femme se joignit à ma classe, maîtrisa la science de la réussite, et elle fut plus tard nommée par le président des États-Unis à l'un des plus hauts postes dans le gouvernement qui n'ait jamais été tenu par une femme. Plus tard, elle organisa pour les femmes employées par le gouvernement une classe où elle leur enseigna la façon de découvrir leur esprit, basant son cours sur la philosophie de la science de la réussite qui représente tout ce qui est connu des principes de base de l'autodétermination.

Oui, il a fallu quelque chose de plus que trois opérations graves, la perte de son mari, la perte de ses moyens financiers, et le refus de ses proches de lui venir en aide pour fouetter cette brave femme qui trouva le sentier vers la source de la toute-puissance à travers l'adversité et la souffrance mentale et physique.

Elle ne trouva ce bénéfice équivalent qui jaillit de ses souffrances *que par son attitude mentale positive* vis-à-vis de ses souffrances ! Elle découvrit la façon de transformer des circonstances négatives en avantages positifs, un privilège à la portée de chaque être humain.

La douleur physique et mentale, les déceptions, les frustrations et les peines, voilà ce qui peut aider quelqu'un à devenir grand, ou le terrasser par une défaite permanente. L'élément qui détermine le choix entre ces deux circonstances *dépend entièrement de l'attitude mentale qu'on aura envers elles.* Pour une personne, cela peut devenir des pierres d'achoppement. Pour une autre, telle la veuve dont vous venez de lire l'histoire, elles deviennent les pierres de gué qui permettent d'accéder à un niveau de vie plus élevé, à partir duquel elle peut devenir le maître de tous ses désirs.

L'histoire de cette veuve ne serait pas complète sans la citation de sa prière favorite :

« Je ne demande pas la surabondance des choses matérielles, Seigneur, mais seulement les choses dont j'ai besoin. Et je ne demande pas qu'on m'enlève la peine et la douleur, mais seulement qu'on me montre comment les convertir en sagesse par laquelle je puisse m'adapter au plan global et au but de la vie sur terre. Et je ne demande aucune faveur qui ne soit pas également à la portée de toute l'humanité. Serais-je blessée par d'autres, je demande seulement que me soit donnée la force de pardonner, et qu'il leur soit donné le privilège de regretter. Enfin, je demande seulement d'être guidée dans toutes les circonstances de ma vie pour que je m'y adapte, avec l'aide de la compréhension. »

Que de fois, pendant les 40 ans et plus que j'ai voués à l'étude du comportement humain, j'ai observé des hommes et des femmes qui découvrirent le pouvoir spirituel à la suite de douleurs physiques ou mentales !

Ma belle-mère, la plus grande dame que j'aie jamais connue, passa une grande partie de sa vieillesse à souffrir des douleurs insupportables de l'arthrite ; pourtant, elle mit en branle une entreprise qui a déjà profité à des millions de gens, et qui profitera encore à des millions d'inconnus, dont certains ne sont pas encore nés. Elle fut responsable de ma première formation, ce qui me valut d'être nommé par Andrew Carnegie pour donner au monde sa première philosophie pratique de réalisation personnelle.

Si ma belle-mère n'avait pas été confinée dans un fauteuil roulant, personne n'aurait pensé qu'elle souffrait constamment de douleurs physiques. Sa voix était toujours agréable et ses propos avaient toujours un sens positif. Elle ne se plaignait jamais, mais elle avait toujours un mot d'encouragement pour tous ceux qui vivaient avec elle.

Je suis certain que ceux qui la connaissaient et comprenaient à quel point elle avait maîtrisé la douleur physique auraient été honteux de manifester de la peur pour une visite chez le dentiste ou chez le chirurgien. L'attitude mentale de ma belle-mère vis-à-vis de la douleur physique est l'un des éléments importants qui ont fait d'elle une grande dame, aimée de tous ceux qui la connaissaient et enviée par certains à cause de sa sagesse et de sa discipline personnelle.

Ainsi, nous voyons encore une fois que l'attitude mentale est l'élément déterminant qui fait que la peine ou la douleur est simplement quelque chose que l'on peut mettre à son service. Au lieu de penser à sa douleur physique et de s'en plaindre, ma belle-mère *dirigea son esprit pour aider les autres,* particulièrement les membres de notre famille. De cette façon, elle atténua les effets de sa souffrance. Ceci pourrait s'avérer une suggestion bénéfique pour tous ceux qui permettent à leur esprit de s'arrêter sur leurs problèmes.

En outre, il serait utile que ceux qui ont des problèmes qu'ils croient insolubles se convainquent que la meilleure façon de les résoudre est de chercher jusqu'à ce qu'ils trouvent une autre personne qui a le même problème ou un problème plus grave, et de l'aider à trouver la solution. De cette façon, l'esprit négatif disparaît et se transforme en esprit positif qui travaille dans l'intérêt d'autrui; et les chances sont à cent contre une que lorsque le problème de l'autre sera résolu, le sien le sera aussi.

Un esprit positif est pratiquement une puissance irrésistible qu'on peut diriger pour atteindre tout but désiré, y compris évidemment la maîtrise de la douleur physique et de la douleur mentale. Permettez-moi de vous rappeler qu'un esprit positif est la première des 12 grandes richesses de la vie.

Dans un chapitre ultérieur, la méthode pour garder un esprit positif est énoncée clairement. Maîtrisez-la, apprenez à la mettre en pratique, et vous n'aurez ni douleur physique, ni douleur mentale. En fait, *vous n'aurez plus jamais peur de quoi que ce soit.* Vous ne vous attacherez plus à la médiocrité par des restrictions que vous vous êtes imposées, en ce qui a trait à votre occupation ou toute partie de votre vie. Vous n'aurez plus besoin de l'aide de qui que ce soit, mais vous serez plutôt en position d'aider les autres.

La plupart des gens se condamnent eux-mêmes à la prison pour la vie, en dépit du fait qu'ils possèdent la clé de leur prison sans le savoir. La prison, ce sont les restrictions qu'ils imposent à leur propre esprit, ou qu'ils permettent aux autres de leur imposer. La clé, c'est le pouvoir qui a été donné à chacun par le Créateur de prendre pleine possession de son esprit et de l'orienter vers la solution de tous les problèmes, vers la réalisation de tout ce qu'ils désirent.

Ceux qui exercent ce privilège immuable et prennent pleine possession de leur esprit n'ont jamais peur de rien, ne mettent jamais d'entrave à la réalisation de ce qu'ils désirent, *et ils attirent à eux, sans difficulté, une surabondance de tout ce qui représente la réussite individuelle.*

Souvenez-vous que là où plane ce vieux corbeau de la peur se trouve quelque chose d'endormi qui doit être réveillé, ou quelque chose de mort qui doit être enterré. L'une des plus étranges anomalies de la vie veut que ce soit l'absence de peur, et non une bonne instruction ou une intelligence supérieure, *qui est la cause principale de la réussite individuelle.*

Sous toutes ses formes, la peur est non seulement la principale pierre d'achoppement qui mène à l'échec, mais elle est aussi la principale raison pour laquelle la plupart des prières n'amènent que des résultats négatifs. L'opposé de la peur est la foi, cette foi qui permet de contrôler ce que l'on ne veut pas et de réaliser ce que l'on veut.

La seule chose qui puisse permettre à un individu de surmonter la peur de toute indisposition physique est de reconnaître qu'il a un esprit sans limites, sauf celles qu'il s'impose lui-même.

Il y a quelque temps, le dentiste qui fit mes prothèses racontait à un autre patient la façon dont j'avais supporté l'extraction de mes neuf dents sans ressentir de douleur ou malaise. Le patient était un ecclésiastique, *et pourtant il exprima le doute que quiconque pût faire cela.* Je me demande quelle sorte de religieux il est réellement.

La plupart d'entre eux savent que la puissance de l'esprit est *sans limites quand elle est stimulée par la foi.* Et tous les médecins et les dentistes savent que, dans la plupart des cas, la peur fait plus de mal au patient que la douleur physique qu'il endure.

Puis-je espérer que les médecins et les dentistes feront bon accueil à ce livre qui enseigne la façon de conditionner l'esprit à la chirurgie dentaire ou médicale afin de libérer le patient de la peur? Le livre sera bienvenu parce qu'il allégera le fardeau des médecins et des dentistes dont les patients suivront les conseils qu'il contient, comme il soulagera les patients de la souffrance qu'ils connaissent à cause de la peur.

S'il est vrai que la douleur physique est le langage universel par lequel la nature parle à tous les êtres vivants, il est également vrai que, par ce langage, un mécanisme ingénieux leur est fourni pour s'assurer qu'ils puissent accepter la cause de la douleur sans qu'ils soient terrassés par cette dernière.

Quand la douleur physique devient plus grande que ce que l'individu peut endurer, la nature lui fait perdre connaissance, ce qui prouve encore une fois qu'elle maintient un équilibre en toutes choses, *et qu'elle ne permet jamais à quelqu'un de souffrir d'une quelconque forme de douleur ou de malaise sans lui fournir aussi les moyens de sa guérison.*

Avec au départ cette connaissance importante des méthodes de la nature, les médecins ont pratiquement éliminé la peur des maux de l'enfantement, par un système connu sous le nom de « sommeil nébuleux », qui plonge la femme qui accouche dans un état de semi-conscience. Le sommeil nébuleux peut être provoqué sans douleur par un sédatif léger en injection sous-cutanée, ou par un traitement thérapeutique suggestif (hypnose partielle).

Par l'hypnose, l'esprit conscient peut temporairement être mis à l'écart afin que le médecin puisse donner des directives au patient par le biais de son subconscient. Ce type de traitement permet de donner au subconscient n'importe quelle directive dont l'individu peut avoir besoin pour surmonter une douleur physique, ou toute condition mentale qui peut causer en lui la détresse, incluant évidemment *toutes les formes de peur.*

L'hypnose est une autre des assurances que la nature clairvoyante a fournies pour protéger l'individu contre la douleur mentale et physique. C'est aussi un moyen par lequel celui-ci peut conditionner son esprit en vue de réaliser ses désirs, comme de transformer la pauvreté en richesse, par exemple.

Que nous le reconnaissions ou non, nous faisons constamment usage, tous autant que nous sommes, de l'autosuggestion (autohypnose) ; le plus triste de cette vérité, c'est que la plupart des gens utilisent inconsciemment ce mécanisme puissant d'une façon négative, de telle sorte qu'il amène la pauvreté, la maladie, le chagrin, la peur et des restrictions qu'ils s'imposent sous toutes les formes imaginables.

Cette utilisation négative de l'autosuggestion se produit quand un individu se laisse tourmenter par des peurs et des soucis qui fixent son esprit *sur des circonstances et des choses qu'il ne désire pas.*

L'utilisation positive de l'autosuggestion, par laquelle l'on fixe son esprit sur les circonstances et les choses que l'on désire, est décrite de façon plus complète dans les chapitres ultérieurs. La méthode pour parvenir à cette fin est simple et toujours sujette à un contrôle immédiat.

Quand l'autosuggestion est mise en application par deux ou plusieurs personnes qui travaillent en parfaite harmonie à la réalisation d'un but déterminé, comme dans le cas du mari et de l'épouse durant l'acte sexuel, les résultats frôlent souvent le miracle.

À mesure que vous progressez dans la lecture de ces chapitres, l'auteur désire que vous vous familiarisiez avec certaines des importantes forces que vous pouvez utiliser dans votre intérêt. En voici quelques-unes :

1. Autosuggestion : le moyen par lequel on peut donner des directives à l'esprit subconscient pour atteindre n'importe quel but, en formulant ses désirs émotionnels et en les répétant souvent, de la façon dont on l'indique dans les chapitres suivants.

2. Transformation : l'action de changer une forme, une substance ou une pensée en une autre, comme de changer des pensées de peur, de chagrin et de pauvreté en pensées d'abondance, de bonheur et de réussite. Une forme puissante de transmutation peut se produire quand quelqu'un commence à chercher un bénéfice équivalent dans toutes les circonstances désagréables, et s'emploie à développer ce bénéfice plutôt que de rester à ruminer sur les circonstances.

3. Le cerveau collectif : une alliance d'au moins deux esprits dans un état d'harmonie parfaite, pour l'atteinte de buts déterminés. L'alliance du cerveau collectif qui a le plus de profondeur est celle qui existe dans un couple.

4. L'autohypnose : l'hypnose est un mécanisme ingénieux que nous fournit la nature pour conditionner notre esprit en vue de parvenir à nos fins. C'est le moyen par lequel l'individu peut prendre possession de son esprit et s'en servir à des fins négatives ou positives. L'être humain a le privilège de pouvoir contrôler son esprit ; et l'autosuggestion, ou autohypnose, est le moyen par lequel ce privilège peut s'avérer être une malédiction ou une bénédiction, selon la façon dont on l'adapte et l'utilise.

L'autohypnose est l'une des techniques importantes grâce auxquelles j'ai pu conditionner l'esprit de millions de gens afin qu'ils puissent connaître la prospérité et la tranquillité d'esprit.

5. Subconscient : la partie subconsciente de l'esprit consiste en cette section du cerveau qui sert de sixième sens, ou de porte ouverte à l'Intelligence Infinie, porte qui peut être utilisée sans restriction pour atteindre n'importe quel but désiré, à l'aide de la méthode présentée dans un chapitre ultérieur. C'est par cette porte que doivent passer toutes les prières. Et n'oubliez pas que c'est aussi par cette porte *que les pensées négatives émises par d'autres peuvent entrer dans votre esprit et amener l'échec, les soucis, la défaite et les maux physiques et mentaux.*

Le sixième sens, qui agit par le biais du subconscient, a la capacité d'émettre et de recevoir les vibrations de la pensée, et l'individu se doit donc de se protéger contre les pensées négatives qu'il capte constamment des gens de son entourage. Qui plus est, il se doit aussi de protéger ceux-ci en s'abstenant d'émettre toute pensée de nature négative.

La seule façon valable d'augmenter son bien-être, et de protéger celui des autres est de garder son esprit si occupé à diffuser des pensées positives qu'il ne lui restera pas de temps pour les pensées négatives, car aussi vrai que la nuit suit le jour, *toute pensée qu'émet une personne lui revient, amplifiée, pour la bénir ou la maudire.*

Un grand philosophe énonça en peu de mots cette vérité profonde : « Quoi que vous fassiez à un autre ou pour un autre, par la pensée que vous diffusez, vous le faites *à vous-même* ou *pour vous-même.* » Par conséquent, la meilleure façon de se protéger de l'afflux de pensées négatives émises par les autres est de garder son esprit si absorbé par l'émission de pensées positives, afin qu'il ne lui reste plus de temps pour recevoir des pensées négatives. Cette formule est imbattable, pratique et toujours sujette à un contrôle immédiat.

Les pensées négatives qu'émettent les autres peuvent entrer dans notre esprit par le biais du sixième sens, mais elles peuvent être instantanément transmuées en pensées positives et orientées, au moyen de l'autosuggestion, vers l'obtention de ce que l'on désire. C'est la forme la plus avantageuse de transmutation de la pensée que l'on connaisse, et celle par laquelle l'individu peut prendre pleine possession de son esprit.

Ne vous inquiétez pas des termes « autosuggestion » et « autohypnose » parce qu'il se peut que vous ne les compreniez pas. En réalité, vous les utilisez constamment, que vous en ayez conscience ou non. Alors, plutôt que de les utiliser sans le savoir à des fins destructrices, il vaut mieux les saisir et les utiliser consciemment à réaliser des objectifs intéressants.

Ce principe, qui conduit tant de gens à l'échec et à la défaite, peut conduire aussi au triomphe et à la réussite, si on le comprend et si on l'utilise dans un but bien déterminé.

6

La croissance par la lutte :
Le quatrième miracle de la vie

L'obligation de lutter est l'un des mécanismes ingénieux par lesquels la nature *force* l'individu à s'améliorer, à se développer, à progresser et à devenir fort par le moyen de la résistance. La lutte peut devenir et devient effectivement soit un supplice, soit une magnifique expérience par laquelle l'individu exprime sa gratitude, pour l'occasion qui lui est donnée de vaincre la raison de sa lutte.

De la naissance à la mort, la vie n'est qu'un enchaînement de combats toujours plus grands auxquels personne ne peut échapper. Il faut lutter pour maîtriser l'ignorance. L'éducation implique une lutte perpétuelle, et chaque jour est un recommencement car l'éducation, c'est le travail d'une vie.

L'accumulation de richesses matérielles oblige à lutter, à tel point que nombre d'individus se suicident très jeunes à cause de l'anxiété, et du surmenage que leur cause la lutte qu'ils mènent pour acquérir plus d'argent qu'ils n'en ont besoin.

Le maintien d'une bonne santé physique exige une lutte de tous les instants contre les multiples ennemis de la bonne santé : Une lutte pour se nourrir et se loger, une lutte pour gagner sa vie, une lutte pour garder son emploi, une lutte pour être reconnu dans une profession, une lutte pour éviter la banqueroute.

Où que nous regardions, nous réalisons qu'il y a peu de circonstances de la vie quotidienne qui ne demandent pas une lutte individuelle pour survivre.

Nous sommes forcés de reconnaître que cette obligation de lutter doit avoir un but déterminé et utile. Ce but est de forcer l'individu à se dégourdir l'esprit, à éveiller son enthousiasme, à augmenter sa foi, à préciser de plus en plus son but, à développer la puissance de sa volonté, à susciter l'inspiration de son imagination, pour que celle-ci lui propose de nouvelles façons d'utiliser ses idées et ses concepts, afin qu'il *puisse remplir quelque mission inconnue pour laquelle il a peut-être été envoyé ici-bas.*

La lutte empêche l'homme d'aller se reposer avec suffisance ou paresse, et le stimule dans l'accomplissement de sa mission, ce qui lui permet de contribuer au but universel de l'humanité sur la terre.

La force, à la fois physique et spirituelle, est le résultat de la lutte !

« Faites-le », dit Ralph Waldo Emerson, « et le pouvoir sera vôtre. »

Affrontez la lutte et maîtrisez-la, dit la nature, et vous aurez *la force et la sagesse suffisantes pour obtenir tout ce dont vous aurez besoin.*

Si vous voulez avoir un bras fort, dit la nature, exercez-le d'une façon systématique avec un marteau de deux kilos, et bientôt vos muscles seront comme de l'acier. Si vous ne voulez pas que votre bras soit fort, dit la nature, mettez-le en écharpe, ne vous en servez pas et enlevez ainsi la raison de la lutte, et sa force va s'atrophier et mourir.

Dans chaque forme de vie, l'atrophie et la mort proviennent de l'inaction! L'unique chose que la nature ne tolère pas, c'est l'inaction. Par l'obligation de lutter et la loi du changement, la nature voit à ce que chaque chose de l'univers fluctue continuellement. Rien, des électrons et des protons de la matière jusqu'aux étoiles et aux planètes qui évoluent à travers l'espace, rien n'est jamais immobile un seul instant. La devise de la nature est : *Avance ou péris!* Il n'y a pas place pour les demi-mesures ni pour les compromis, pas d'exception pour quelque raison que ce soit.

Et si vous doutez que la nature vous destine à lutter ou à périr, vous n'avez qu'à observer ce qui arrive à la personne qui fait fortune et « se retire », abandonnant la lutte parce qu'elle trouve qu'elle n'est plus nécessaire.

Les arbres les plus solides ne sont pas ceux que l'on trouve dans les forêts les plus denses ; ce sont plutôt ceux qui poussent à découvert où ils doivent lutter contre le vent et les forces de la nature.

Mon grand-père était un constructeur de wagons. En préparant sa terre pour la culture, il laissait toujours quelques chênes pousser dans les champs, là où exposés aux intempéries, ils pouvaient devenir plus forts. Plus tard, il les coupait et les utilisait comme jantes pour les roues des wagons ; ce bois pouvait être courbé en segments arqués sans se rompre. Il réalisa que les arbres protégés par la forêt ne pouvaient pas donner le bois qu'il fallait. Il était trop mou et cassant parce qu'il n'avait pas eu à lutter. C'est la même raison qui fait que certains individus sont « mous » et ne sont pas prêts à affronter les résistances de la vie.

La plupart des gens traversent la vie en choisissant la solution de facilité chaque fois qu'ils peuvent faire un choix. Ils ne réalisent pas qu'en *adoptant la solution de facilité, ils deviendront tortueux comme toutes les rivières !*

La plupart des luttes peuvent amener de la douleur, mais pour cette douleur, la nature offre en compensation à l'individu *la puissance, la force et la sagesse qui proviennent de l'expérience pratique.*

Alors que je travaillais à la philosophie de la science de la réussite, je fis cette découverte des plus révélatrices : Les leaders qui réussissent le mieux, dans quelque domaine que ce soit, ont acquis leur leadership en proportion de la lutte qu'ils ont menée pour son obtention.

J'ai constaté avec intérêt que tout homme qui n'avait pas été obligé de lutter n'avait jamais été choisi comme leader dans les temps de grandes crises qui sont survenues entre l'âge de pierre et notre civilisation actuelle.

Une étude approfondie de toute l'histoire de la civilisation, à partir de l'homme des cavernes jusqu'à aujourd'hui, démontre clairement que l'homme a toujours eu à lutter. Oui, la lutte est sans aucun doute l'un des mécanismes dont se sert le Créateur pour forcer les individus à répondre à la loi du changement afin que le plan d'ensemble de l'univers puisse être réalisé.

Quand un individu se résigne à accepter de vivre aux dépens du gouvernement au lieu de subvenir à ses besoins par lui-même, il est sur le chemin de la déchéance, et ferme son âme à toute vérité spirituelle. Quand la majorité des gens de toute nation abandonnent leur prérogative inaliénable de faire leur chemin en luttant, *l'Histoire démontre clairement que la nation entière glisse vers la déchéance qui doit inévitablement se terminer par l'extinction de la race.*

L'individu qui non seulement veut vivre du denier public, *mais exige d'être nourri par lui,* est déjà mort spirituellement. Le corps physique fonctionne toujours, mais il n'est qu'une coquille vide, qui ne peut espérer autre chose qu'un service funèbre. Ceci, naturellement, n'a trait qu'aux gens forts qui abandonnent la lutte parce qu'ils sont trop indifférents, ou trop paresseux pour s'améliorer grâce à la loi du changement et de l'obligation de lutter.

Pendant au moins 20 ans, j'ai été forcé de lutter afin de maîtriser les problèmes ayant trait à mon travail d'édification de la première philosophie pratique de la réussite. D'abord, je dus lutter pour acquérir les connaissances nécessaires. Deuxièmement, je fus forcé de lutter pour subvenir à mes besoins tout en faisant mes recherches. Ensuite, je fus contraint à une obligation toujours plus grande de me battre en attendant la reconnaissance du public.

Vingt ans de lutte sans aucune compensation immédiate n'est pas une expérience qui donne à quelqu'un un espoir soutenu, mais c'est le prix que je dus payer pour édifier une philosophie qui était destinée à profiter à un nombre incalculable de gens, dont plusieurs n'étaient pas nés quand je commençai mon travail.

Décourageant? Rebutant? Pas du tout, car je sus dès le départ que de ma lutte viendraient le triomphe et la victoire, et qu'ils seraient à la hauteur de mon dur labeur.

Dans cet espoir, je n'ai pas été déçu; j'ai même été confondu de la façon généreuse avec laquelle les gens ont répondu, et m'ont rendu hommage pour les longues années de lutte qu'a nécessitées mon travail.

En outre, il m'est resté dans ma lutte une chose d'une valeur encore plus grande et plus profonde : *J'ai pu accéder aux sources spirituelles de mon âme*, et j'y ai trouvé la puissance nécessaire pour parvenir à mes fins, une puissance que je n'avais jamais cru posséder, *et que je n'aurais jamais découverte sans lutte !*

Mes combats m'ont appris comment faire usage des huit guides invisibles dont je parle dans un chapitre précédent, c'est-à-dire de m'en faire des amis qui s'occupent de tous mes besoins physiques, financiers et spirituels, des amis qui travaillent pour moi lorsque je dors, et lorsque je suis éveillé.

Aussi, ce fut à travers mes luttes que la grande loi de la force de l'habitude cosmique (la loi qui contrôle toutes les habitudes, toutes les lois naturelles) me fut révélée, cette loi qui m'a amené, petit à petit, là où j'étais prêt à transmettre au monde le bénéfice de mes expériences.

De là, j'ai compris que le Créateur ne permet jamais à quelqu'un de rendre un service important à l'humanité sans d'abord l'avoir éprouvé par la lutte, et celle-ci sera proportionnelle à la nature du service qu'il doit rendre. En conséquence, j'ai appris à interpréter les lois, les buts et les plans de travail du Créateur en ce qui me concerne moi et l'humanité en général.

Quels plus grands avantages quelqu'un pourrait-il tirer de la lutte ?

Quelles plus grandes récompenses quelqu'un pourrait-il obtenir de n'importe quelle autre cause ?

Brièvement, nous n'avons parlé que de quatre des miracles de la vie, mais ils sont de loin les plus importants que nous allons étudier dans notre voyage à travers la Vallée du Monde Merveilleux de la Nature.

Toutefois, nous avons été témoins de suffisamment de choses dans notre voyage pour nous convaincre qu'il y a un bon côté dans toutes les circonstances qui nous touchent, ou influent sur nos vies, que ce soient des circonstances sur lesquelles nous avons le contrôle entier, ou des circonstances sur lesquelles nous n'en avons aucun, *si ce n'est le contrôle de notre réaction mentale par rapport à elles.*

Tout en poursuivant notre voyage à travers les chapitres suivants, notre esprit devrait pouvoir comprendre que les circonstances que nous pouvons considérer comme désagréables peuvent faire partie du plan d'ensemble du Créateur en ce qui a trait à notre destinée sur cette terre. Le but principal de ce chapitre est d'élargir l'esprit pour qu'il en vienne à envisager et à cerner les faits importants de la vie autres que *ceux qui nous concernent immédiatement.*

La tranquillité d'esprit n'est pas possible sans cette aptitude d'avoir une vue d'ensemble de la vie et de son but. Nous devons reconnaître que notre incarnation individuelle, qui nous jette dans ce monde matériel sans aucune cérémonie et sans notre consentement, a un but qui se situe au-dessus de nos désirs et nos plaisirs personnels.

Une fois que nous avons réalisé l'importance de ce but, nous acceptons les expériences de la lutte que nous devons entreprendre lors de notre passage sur la terre ; nous les acceptons comme des occasions qui nous préparent à un monde plus grand et meilleur que celui que nous connaissons maintenant.

7

La maîtrise de la pauvreté : Le cinquième miracle de la vie

La pauvreté est le résultat d'une attitude négative de l'esprit qu'à peu près tout le monde expérimente à un moment ou à un autre. C'est la première et la plus désastreuse des sept peurs principales, mais ce n'est qu'un état d'esprit et, comme les six autres peurs, elle est sujette à notre contrôle.

Le fait que la majorité des gens naissent dans un état de pauvreté, qu'ils l'acceptent comme inévitable, et vivent avec elle pendant toute leur vie indique à quel point ce facteur est puissant. Il se peut fort bien que la pauvreté soit l'un des mécanismes que le Créateur a choisis pour séparer le faible du fort, car c'est un fait que ceux qui maîtrisent la pauvreté deviennent riches, non seulement sur le plan matériel, *mais aussi riches et souvent sages sur le plan spirituel.*

J'ai observé que les personnes qui ont réussi à maîtriser la pauvreté ont une foi incroyable en leur capacité de surmonter presque tout ce qui pourrait entraver leur progrès, alors que celles qui l'ont acceptée comme un fait inévitable montrent des signes de faiblesses dans tous les domaines. Jamais je n'ai rencontré quelqu'un qui ait accepté la pauvreté comme inévitable, et qui n'ait pas aussi échoué dans l'exercice de ce grand don qu'est sa capacité de prendre possession de la puissance de son esprit (ce que le Créateur veut que tout le monde fasse).

Tous les gens passent par des périodes d'essai pendant leur vie, dans plusieurs circonstances qui démontrent s'ils ont ou non accepté, et utilisé ce grand don du contrôle exclusif de la puissance de leur esprit. Et j'ai remarqué qu'à ce grand don de l'Infini sont liées des punitions précises pour avoir négligé de s'en approprier et de l'utiliser, et des récompenses particulières pour l'avoir reconnu et s'en être servi.

L'une des récompenses les plus importantes est que l'on se libère totalement des sept peurs principales et de toutes les autres, avec plein accès au pouvoir magique de la foi pour remplacer ces peurs.

Les punitions pour avoir négligé de s'approprier ce grand don et de l'utiliser sont légion. Nombre de désavantages viennent s'ajouter ici aux sept peurs fondamentales. Et l'une des plus grandes punitions, c'est d'être dans l'impossibilité de parvenir à la tranquillité d'esprit.

La pauvreté peut avoir beaucoup de mérite lorsqu'une personne la considère avec une attitude mentale positive plutôt que de s'y soumettre en croyant à tort qu'elle est inévitable, ou bien en se disant paresseusement qu'il ne vaut pas la peine de la repousser. La pauvreté peut être l'un des mécanismes dont le Créateur se sert pour forcer l'homme à dégourdir son esprit, à développer son enthousiasme, à agir de sa propre initiative, et à apposer une résistance déterminée aux forces qui s'opposent à lui, afin qu'il puisse survivre.

La pauvreté peut aussi être un mécanisme par lequel le Créateur manœuvre l'homme pour qu'il parvienne à un état d'esprit qui lui permette de se découvrir intérieurement. Dans un grand pays comme les États-Unis, il n'y a aucune raison valable pour qu'une personne intelligente accepte ou soit contrainte à l'esclavage à cause de la pauvreté.

Ici, comme nulle part ailleurs dans le monde, se trouve le centre de formation en liberté individuelle, qui offre à chacun la plus belle de toutes les occasions d'utiliser ce grand don du *droit de modeler sa destinée terrestre et de la réaliser*. Et c'est ici, comme nulle part ailleurs, que l'individu peut trouver tous les motifs imaginables, de se saisir de ce grand don et s'en servir. De plus, les récompenses sont tellement grandes qu'on ne peut manquer d'en profiter.

La meilleure preuve que le Destin sourit à ceux qui sont nés dans la pauvreté est le fait connu qu'il est rare qu'un individu né dans la richesse ne puisse jamais apporter quelque chose qui améliore l'humanité. Beaucoup d'enfants de parents riches, qui n'ont jamais connu la pauvreté, ou qui n'ont jamais eu à lutter pour leur survie, deviennent souvent mous et manquent de l'endurance, et de la motivation nécessaires pour devenir des êtres utiles.

Quand la fortune sourit à ceux qui sont déjà bien nantis, elle choisit généralement ceux qui se sont enrichis en rendant un service utile, et non ceux qui en ont hérité, ou qui l'ont obtenue par des moyens qui ont lésé les autres. Le hasard désapprouve toutes les richesses obtenues malhonnêtement et, *souvent, celles-ci se volatilisent mystérieusement.*

Que la pauvreté soit une calamité ou un bienfait dépend entièrement de la façon dont l'individu y fait face. S'il l'accepte dans un esprit d'humilité comme un handicap inévitable, alors elle devient un handicap. S'il l'accepte comme un simple défi qui lui permet de se battre pour se faire un chemin et la maîtriser, alors elle devient une bénédiction, en fait, l'un des grands miracles de la vie. La pauvreté peut devenir soit une pierre d'achoppement, soit une pierre de gué à l'aide de laquelle quelqu'un peut se réaliser. Cela dépend entièrement de *son attitude* et de *ses réactions*.

La pauvreté et la richesse sont toutes deux des états d'esprit! Ils suivent précisément le modèle que chacun crée, et se représente par les pensées dominantes qu'il exprime. Les pensées de pauvreté attirent leur contrepartie matérielle. Les pensées de richesse attirent de la même façon leur contrepartie matérielle.

La loi de *l'attirance harmonieuse* traduit les pensées en compensations matérielles analogues. Cette grande vérité explique pourquoi la majorité des gens connaissent le malheur et la pauvreté toute leur vie. Ils permettent à leur esprit de craindre le malheur et la pauvreté, et leurs pensées dominantes sont axées sur ces états. La loi de l'attirance harmonieuse prend la relève et leur apporte *ce à quoi ils s'attendent*.

Quand j'étais un petit garçon, j'entendis un discours inattendu et important sur la pauvreté, et ce discours fit une impression profonde sur mon esprit. Je suis sûr qu'il fut responsable de ma détermination à maîtriser la pauvreté malgré le fait que j'étais né pauvre, et que je n'avais jamais rien connu d'autre. Le discours venait de ma belle-mère, qui venait de s'installer chez nous, et avait pris en main l'un des lieux les plus négligés et misérables que j'aie connus. Elle avait déclaré:

«Ce lieu que nous appelons une maison est une honte pour nous tous et un handicap pour nos enfants. Nous sommes tous des gens capables et il n'est pas nécessaire que nous acceptions la pauvreté quand nous savons qu'elle n'est que le résultat de la paresse ou de l'indifférence.

« Si nous restons ici et si nous acceptons les conditions dans lesquelles nous vivons, nos enfants vont grandir et accepter aussi ces conditions. Je n'aime pas la pauvreté ; je ne l'ai jamais acceptée comme étant mon sort, et ce n'est pas maintenant que je l'accepterai !

« Pour le moment, je ne sais pas comment nous nous libérerons de la pauvreté, mais ce que je sais, c'est que nous réussirons notre évasion, peu importe le temps que nous y mettrons, ou les sacrifices que nous devrons faire. Je veux que nos enfants puissent profiter d'une bonne éducation, *mais plus que cela,* je veux qu'ils soient poussés par l'ambition de maîtriser la pauvreté.

« La pauvreté est une maladie qui, lorsqu'elle est acceptée, devient une obsession dont il est difficile de se défaire.

« Ce n'est pas une disgrâce d'être né dans la pauvreté, mais c'en est une d'accepter ce fait de naissance comme irrévocable.

« Nous vivons dans le pays le plus riche et le plus grand que la civilisation ait jamais connu. Ici, l'occasion est offerte à tous ceux qui ont l'ambition de la reconnaître et de la saisir, et dans la mesure où notre famille est concernée, si l'occasion ne vient pas à nous, *alors nous en créerons une pour échapper à cette vie.*

« La pauvreté est comme une paralysie progressive ! Lentement, elle détruit notre désir de liberté, nous vide de l'ambition de jouir des meilleures choses de la vie, et sape notre initiative personnelle. En plus de cela, elle conditionne notre esprit à accepter d'innombrables peurs, telles que la peur de la maladie, la peur de la critique et la peur de la douleur physique.

« Nos enfants sont trop jeunes pour connaître le danger qu'il y a à accepter la pauvreté comme étant leur lot, mais je vais voir à ce qu'ils deviennent conscients de ces dangers, et conscients aussi que la prospérité existe pour *qu'ils la désirent, et acceptent d'en payer le prix.* »

J'ai cité ce discours de mémoire, mais c'est en substance ce que ma belle-mère a dit à mon père en ma présence, peu de temps après leur mariage. Le premier pas qu'elle fit en vue de notre libération fut de suggérer à mon père de s'inscrire au collège dentaire de Louisville où il devint dentiste, et elle paya ses études avec l'argent de la police d'assurance vie qu'elle avait reçu à la mort de son premier mari.

Avec le revenu de « l'investissement qu'elle avait fait dans mon père », elle envoya ses trois enfants et mon frère cadet au collège, et les mit ainsi tous les quatre sur la route de la maîtrise de la pauvreté.

Quant à moi, elle me permit de rencontrer Andrew Carnegie, qui me donna une occasion unique pour un auteur, l'occasion d'approcher plus de 500 des hommes à avoir le mieux réussi. Ces hommes collaborèrent avec moi pour donner au monde une philosophie pratique de réalisation personnelle, une philosophie basée sur le savoir-faire de mes collaborateurs, obtenu à partir des expériences de toute leur vie.

On estime que ma contribution personnelle à la postérité a bénéficié à plusieurs millions de personnes dans les deux tiers du monde, mais le crédit en revient réellement au discours historique de ma belle-mère, dans lequel elle reniait la pauvreté.

Nous voyons donc que la pauvreté peut être un moyen d'inciter quelqu'un à planifier et à réaliser de grands objectifs.

Ma belle-mère ne craignait pas la pauvreté, mais elle la détestait et refusait de l'accepter. Le Créateur semble en quelque sorte favoriser ceux qui *savent précisément ce qu'ils veulent, et ce qu'ils ne veulent pas*. Ma belle-mère était de ce type-là. Si elle avait accepté la pauvreté, ou en avait eu peur, les lignes que vous lisez maintenant n'auraient jamais pu être écrites.

La pauvreté est une grande expérience, mais c'est quelque chose à expérimenter, et ensuite à maîtriser avant qu'elle ne brise la volonté de liberté et d'indépendance. On doit peut-être plaindre la personne qui n'a jamais connu la pauvreté, mais on doit plaindre plus encore la personne qui l'a connue et l'a acceptée comme étant sa destinée, car elle s'est elle-même condamnée à l'esclavage éternel.

La plupart des grands personnages de l'Histoire ont connu la pauvreté, mais ils l'expérimentèrent, y renoncèrent, la maîtrisèrent et s'en libérèrent. Sinon, ils ne seraient jamais devenus grands. Celui qui accepte quoi que ce soit de la vie qu'il ne désire pas n'est pas libre. Le Créateur a fourni à chacun le moyen de déterminer sa propre destinée. Ce moyen consiste dans le privilège de se libérer soi-même des choses indésirables.

La pauvreté peut être un bienfait, mais elle peut aussi être la calamité de toute une vie. L'élément déterminant consistera dans notre attitude mentale envers elle. Si elle est acceptée comme un défi à un effort plus grand, c'est un bienfait. Si elle est acceptée comme un handicap inévitable, alors c'est une calamité permanente.

Souvenez-vous que la *peur* de la pauvreté amène avec elle une foule de peurs connexes, comme la peur de la douleur physique et mentale.

On raconte l'histoire d'un homme qui mourut et alla en enfer. Pendant son examen d'entrée, Satan lui demande : « Qu'est-ce que vous craignez le plus ? »

– Je n'ai peur de rien, répond l'homme.

– Alors, reprend Satan, vous vous êtes trompé d'endroit. Nous ne recevons que les clients qui sont esclaves de la peur. »

Pensez à cela ! Pas de place en enfer pour la personne qui n'a peur de rien.

Je n'entends jamais le mot « peur » sans penser à l'histoire que m'a racontée Reuben Darly, de la Massachusetts Mutual Life Insurance Company. Quand il était petit garçon, son oncle exploitait un moulin sur une plantation du Maryland, où logeait une famille de Noirs. Un jour, une enfant de 10 ans de la famille noire fut envoyée au moulin pour demander 50 cents au propriétaire de la plantation.

Le propriétaire leva les yeux de son travail, vit l'enfant noire se tenant à une distance respectueuse et demanda : « Qu'est-ce que tu veux ? »

Sans broncher, l'enfant répliqua : « Ma maman demande de lui envoyer 50 cents. »

Sur un ton menaçant et d'un air renfrogné, le propriétaire du moulin répondit : « Je ne ferai rien de tel ! Maintenant, retourne vite à la maison, ou bien je vais te fouetter. » Et il continua à travailler.

Quelques minutes plus tard, il leva de nouveau les yeux et vit l'enfant qui se tenait toujours au même endroit. Il s'empara alors d'une planche de tonneau, et la brandit en direction de l'enfant en disant : « Si tu ne sors pas d'ici, je vais me servir de ça. Maintenant, va-t'en avant que je… »

Mais il ne finit pas sa phrase, car à ce moment-là, l'enfant se précipita au-devant de lui et cria le plus fort qu'elle put : « Ma maman veut avoir 50 cents ! »

Lentement, le meunier déposa la planche, mit la main dans sa poche, en tira 50 cents et les donna à l'enfant. Celle-ci s'empara de l'argent, recula rapidement vers la porte, l'ouvrit et courut ensuite comme un chevreuil, pendant que le meunier restait là les yeux ébahis et la bouche grande ouverte, réfléchissant sur la mystérieuse expérience par laquelle une enfant noire l'avait subjugué, et s'en était tirée – *quelque chose que les Noirs de cet endroit n'étaient pas censés faire.*

C'est vrai, la peur peut se transformer en courage ; un fait que l'enfant démontra de la façon la plus convaincante.

De la même façon, la pauvreté peut être transformée en richesse et en réalisations dignes de mention ; ma belle-mère le démontra de façon spectaculaire en libérant notre famille de la pauvreté et du désespoir. Elle reconnut que toute personne qui *prend possession de son esprit et le dirige vers des fins déterminées* n'a pas besoin de rester la victime de la pauvreté, ou de quoi que ce soit d'autre qu'elle ne désire pas.

La différence entre la pauvreté et la richesse ne peut être mesurée en argent ou en possessions matérielles seulement. Il y a 12 grandes richesses dont 11 ne sont pas matérielles, mais elles sont reliées de près aux forces spirituelles qui sont à la disposition de l'humanité. Pour qu'on ait une meilleure idée de la façon de transformer la pauvreté en richesses, les 12 grandes richesses sont ici brièvement décrites.

Les 12 grandes richesses de la vie

Classez-vous vous-même relativement à chacune de ces richesses et inscrivez pour chacune (sur une feuille de papier) si vous vous trouvez : parfait, moyen ou pauvre.

1. *Une attitude mentale positive*

L'attitude mentale positive est en tête de liste des 12 grandes richesses, parce que toutes les richesses, matérielles ou autres, commencent par un état d'esprit, la seule et unique chose sur laquelle un individu a des pouvoirs complets et inaliénables de contrôle. L'attitude mentale d'un individu lui procure le magnétisme qui attire à lui l'équivalent matériel de tous ses désirs, peurs, doutes et croyances. L'attitude mentale est aussi l'élément qui détermine si ses prières vont donner des résultats négatifs ou positifs. Il n'est donc pas surprenant qu'une attitude mentale positive soit en tête de liste de toutes les grandes richesses de la vie.

2. *Une bonne santé physique*

Une bonne santé physique commence par une conscience de la santé, le produit d'un esprit qui pense en termes de santé, et non en termes de maladie. Ajoutons à cela la sobriété et la modération dans la nourriture, et l'équilibre des activités physiques. Le maintien d'une attitude mentale positive est l'une des plus grandes formes connues de l'homme de prévention de la maladie. Elle est considérée comme importante parce qu'elle est sous notre contrôle, et sous notre direction en tout temps pour atteindre n'importe quelle fin désirée.

3. *L'harmonie dans les relations humaines*

Il y a deux formes d'harmonie, toutes deux nécessaires pour que l'harmonie fasse partie des 12 grandes richesses de la vie : l'harmonie avec soi-même et l'harmonie avec les autres. La responsabilité première de chacun est de voir à ce que l'harmonie règne en lui. Ceci demande la maîtrise de la peur, le maintien d'une attitude mentale positive, et l'adoption d'un but principal dans la vie, accompagné de la foi inébranlable qu'il se réalisera.

Soyez en paix dans votre âme et vous n'aurez pas de difficulté à vous rapprocher des autres dans un esprit d'harmonie. Les frictions dans les relations humaines sont souvent le résultat de la confusion, de la frustration, de la peur, et du doute que ressent l'individu qui, souvent, attribue ces états d'esprit négatifs aux autres, rendant ainsi l'harmonie impossible.

L'harmonie avec autrui commence par l'harmonie avec soi-même. Comme le dit Shakespeare : « Avant tout, sois loyal envers toi-même, et aussi infailliblement que la nuit suit le jour, tu ne pourras être déloyal envers personne. » De grands avantages sont à la disposition de ceux qui tiennent compte de cet avertissement.

4. *Être libre de toute peur*

Aucun homme asservi par la peur n'est riche, pas plus qu'il n'est libre. La peur est un présage du mal, une insulte au Créateur qui a fourni à l'homme les moyens de rejeter toutes les choses indésirables, en lui donnant le contrôle entier de la puissance de son esprit. Avant de vous classer parfait, moyen ou pauvre à ce chapitre, prenez le temps de fouiller votre âme et soyez certain que pas une des sept peurs fondamentales ne s'y cache.

En outre, souvenez-vous que quand ces sept peurs fondamentales auront été converties en foi, vous en arriverez au point où vous pourrez prendre possession de votre esprit et, *par cette possession, acquérir tout ce que vous désirez dans la vie ou rejeter ce que vous ne désirez pas.*

Dans un chapitre ultérieur, vous trouverez la formule grâce à laquelle vous pouvez vaincre la peur de la maladie et de la douleur physique. Appliquez la formule et éliminez cette peur ; ensuite, triomphez des six autres peurs fondamentales avec la même formule.

5. *L'espoir de votre réussite future*

L'espoir est le précurseur du plus grand de tous les états d'esprit, la foi ! L'espoir nous soutient dans les moments imprévus quand, sans lui, la peur prendrait le dessus. C'est sur l'espoir que repose la forme la plus profonde de bonheur, qui vient de l'attente de la réussite d'un plan ou d'un but encore à atteindre.

Pauvre en effet est la personne qui ne peut pas regarder l'avenir avec l'espoir de devenir celle qu'elle aimerait être, occuper le poste qu'elle aimerait occuper, ou atteindre l'objectif qu'elle n'a pas encore réussi à atteindre. L'espoir garde l'âme de l'homme alerte et active, *et dégage la ligne de communication par laquelle la foi le relie à l'Intelligence Infinie.* L'espoir est un personnage royal, et le divin décorateur des onze autres richesses de la vie.

6. *La capacité de croire*

La foi est le moyen de communication entre la conscience de l'homme et le grand réservoir universel de l'Intelligence Infinie. C'est le sol fertile du jardin de l'esprit humain, où peuvent être récoltées toutes les richesses de la vie. C'est « l'élixir éternel » qui donne la puissance et l'action créatrice aux élans de la pensée. C'est *l'élan vital* de l'âme, et il ne connaît aucune limite. La foi est la qualité spirituelle qui, alliée à la prière, permet un contact direct et immédiat avec l'Intelligence Infinie. La foi est la puissance qui transmute l'énergie ordinaire de la pensée en un équivalent spirituel, et c'est le seul moyen par lequel l'Intelligence Infinie puisse être adaptée aux usages de l'homme.

7. *La volonté de partager*

Celui qui n'a pas appris l'art béni du partage n'a pas trouvé le vrai chemin d'un bonheur durable, car le bonheur vient principalement du partage de soi et de ses biens. N'oublions pas que l'espace qu'on occupe dans le cœur des autres est déterminé précisément par le service qu'on rend par une certaine forme de partage. Qu'on se souvienne aussi que toutes les richesses peuvent être embellies et multipliées, par le simple fait de les partager là où elles peuvent servir aux autres.

Omettre ou refuser de partager ses biens est une façon certaine de couper la ligne de communication entre un homme et son âme. Un grand professeur disait : « *Le plus grand parmi vous sera votre serviteur.* » Un philosophe a dit : « Aide le bateau de ton frère à traverser, et le tien atteindra la rive. » Un autre grand penseur a dit : « Quoi que vous fassiez à un autre, c'est à vous que vous le faites. »

8. *Un travail qu'on aime*

Il n'est pas d'homme plus riche que celui qui a trouvé un travail qu'il aime, et qui s'engage pleinement à sa réalisation, car un travail qu'on aime est la plus grande forme d'expression des désirs humains. Le travail est le lien entre la demande et l'offre de tous les besoins humains, le précurseur de tout progrès humain, le moyen par lequel l'imagination de l'homme est affublée des ailes de l'action.

Par ailleurs, tout travail qu'on aime est sanctifié parce qu'il apporte la joie de l'expression de soi à celui qui le fait. Faites ce que vous aimez le plus et votre vie sera par là enrichie, votre âme sera embellie, vous inspirerez l'espoir, la foi et le courage à tous ceux avec qui vous serez en contact. L'engagement dans un travail qu'on aime est le plus grand de tous les traitements contre la mélancolie, la frustration et la peur. De plus, c'est un bâtisseur sans pareil de santé physique.

9. *Un esprit ouvert sur tous les sujets*

La tolérance, qui est parmi les plus importants atouts de la culture, n'est le fait que de la personne qui a l'esprit ouvert sur tous les sujets, sur tout le monde, et en tout temps. Seule la personne qui garde l'esprit ouvert devient vraiment instruite, et est ainsi préparée à s'approprier et à utiliser les 12 grandes richesses de la vie. Un esprit intolérant s'atrophie et coupe la ligne de communication entre l'individu et l'Intelligence Infinie. Un esprit tolérant permet à l'individu de s'instruire constamment, et d'acquérir ainsi les connaissances grâce auxquelles il peut prendre possession de son esprit, et l'orienter vers la réalisation de tout but.

10. *La discipline personnelle*

Celui qui n'est pas maître de lui-même ne peut jamais devenir maître de quoi que ce soit qui lui est extérieur. Celui qui est son propre maître peut devenir le maître de sa propre destinée terrestre, et le « maître de son sort, le capitaine de son âme ». La forme la plus élevée de la discipline personnelle consiste en l'humilité du cœur quand on a atteint le sommet de la richesse, ou qu'on a été béni par une reconnaissance infinie pour des services rendus.

La discipline personnelle est le seul moyen par lequel on peut prendre pleine et entière possession de son esprit, et le diriger.

11. *La capacité de comprendre les autres*

La personne qui a la chance de comprendre les gens reconnaît que, fondamentalement, ils sont semblables puisqu'ils ont évolué à partir de la même souche ; que toutes les activités humaines, bonnes ou mauvaises, sont inspirées par un ou plusieurs des neuf motifs fondamentaux de la vie, plus précisément :

(a) L'émotion de l'amour.

(b) L'émotion du sexe.

(c) Le désir du gain matériel.

(d) L'instinct de conservation.

(e) Le désir de la liberté de corps et d'esprit.

(f) Le désir de la reconnaissance et de l'expression personnclle.

(g) Le désir de se perpétuer.

(h) L'émotion de la colère.

(i) L'émotion de la peur (voir les sept peurs fondamentales).

Celui qui veut comprendre autrui devrait d'abord se comprendre lui-même, car les motifs qui le poussent à l'action sont, en général, les mêmes que ceux qui inciteraient les autres à l'action dans les mêmes conditions.

La capacité de comprendre les autres est la base de toute amitié ; c'est la base de toute harmonie et de toute coopération entre les gens, et aussi l'élément le plus important de toutes les formes de leadership qui demandent une coopération amicale. Certaines gens pensent que c'est une approche essentielle dans la compréhension du plan global de l'univers et de son Créateur.

Connaissez-vous et vous serez bien préparé pour comprendre les autres.

12. *La sécurité économique (l'argent)*

La dernière, mais pas la moindre en importance, est la partie tangible des 12 grandes richesses, l'argent, ou la connaissance nécessaire pour assurer sa propre sécurité économique. Celle-ci n'est pas atteinte par la seule possession de l'argent. Elle l'est par le service que l'on rend, car un service utile peut être converti en toutes sortes de besoins humains, avec ou sans l'usage de l'argent.

Henry Ford a atteint la sécurité économique, pas spécialement parce qu'il a accumulé une vaste fortune, mais pour une meilleure raison : Il a fourni du travail à des millions d'hommes et de femmes, et l'automobile à un plus grand nombre encore de gens.

Les hommes et les femmes qui maîtrisent et appliquent la science de la réussite connaissent la sécurité économique parce qu'ils possèdent les moyens pour acquérir l'argent. Ils peuvent se retrouver sans argent ou le perdre par une erreur de jugement, mais ça ne leur enlève pas leur sécurité économique, parce qu'ils connaissent la source de l'argent, et comment entrer en contact avec cette source et en bénéficier.

Andrew Carnegie, qui était peut-être l'homme le plus riche du monde en son temps, parraina l'organisation de la science de la réussite parce qu'il croyait que la « connaissance » de l'accumulation de l'argent devait être divulguée à tous. Pendant la dernière partie de sa vie, Andrew Carnegie donna la plus grande part de sa vaste fortune (près d'un milliard de dollars), mais dans une conversation qu'il eut avec moi peu de temps avant sa mort, il dit :

« J'ai rendu la plus grande partie de ma fortune aux gens qui m'ont permis de l'accumuler, mais la somme d'argent que j'ai donnée est infiniment petite en comparaison des richesses que je laisse aux gens dans la connaissance de la réussite, que je vous ai donné mission de faire connaître au monde. »

Vous comprenez maintenant l'antithèse de la pauvreté par les 12 grandes richesses de la vie. En outre, il devrait être encourageant d'observer que les 11 premières de ces richesses sont à la portée de tous ceux qui veulent les saisir ; qui plus est, ceux qui les saisissent et les utilisent vont facilement s'attirer la douzième, l'argent.

Voici donc le moyen par lequel la pauvreté peut être transmuée en richesses, y compris les 12 grandes richesses de la vie.

Comprenez les 12 grandes richesses, appliquez-les dans votre vie quotidienne et vous réussirez, car le succès n'est rien de plus ni de moins que la possession de ces 12 bienfaits.

8

L'échec peut être un bienfait :
Le sixième miracle de la vie

L'échec devient souvent un bienfait déguisé, parce qu'il détourne les gens de buts qui, s'ils avaient été menés à bonne fin, les auraient mis dans l'embarras ou même complètement détruits. L'échec offre souvent de nouvelles occasions à celui qui le subit, et lui procure une connaissance utile des réalités de la vie, alors qu'il procède par tâtonnements. L'échec révèle souvent les méthodes qui ne réussiront pas, et guérit les vaniteux de leurs prétentions.

L'échec de l'armée britannique menée par lord Cornwallis en 1781 non seulement donna leur liberté aux colonies américaines, mais sauva probablement l'Empire britannique de la destruction totale lors des deux grandes guerres mondiales.

Les échecs économiques du Sud, attribuables à la perte de leurs esclaves dans la guerre civile, amenèrent peut-être un bénéfice équivalent de plus d'une façon :

1. La perte des esclaves obligea les gens à commencer à compter sur eux-mêmes, et en même temps développa leur initiative personnelle.

2. La perte des esclaves obligea les femmes du Sud à devenir indépendantes en prenant leur place aux côtés des hommes dans les affaires et les professions.

3. Et enfin, l'industrie américaine se déplaça rapidement vers le Sud où la main-d'œuvre, les matières premières, le carburant et les conditions climatiques étaient les plus favorables. Les gens du Sud, grâce à leur initiative personnelle, cessèrent de détester les Yankees, et commencèrent à vendre le Sud à l'industrie du Nord.

À la longue, le Sud pourrait fort bien être appelé à devenir le centre industriel des États-Unis.

Alexander Graham Bell passa des années à faire de la recherche en vue de créer un appareil acoustique pour sa femme qui était dure d'oreille. Il échoua dans son projet, mais la recherche qu'il avait faite lui livra le secret du téléphone.

Quand la radio devint populaire pour la première fois, vers 1920, la Victor Talking Machine Company eut peur parce qu'il lui semblait que la radio ruinerait le commerce du phonographe. L'ingénieur en chef de la Victor Talking Machine Company découvrit *dans le principe de la radio elle-même* le moyen d'améliorer la qualité des enregistrements, ce qui créa une forte demande pour les phonographes.

Le premier échec important de Thomas A. Edison se produisit quand son instituteur le renvoya de l'école avec une note dans laquelle il avisait les parents du jeune garçon qu'on ne pouvait rien faire de lui. Il en fut tellement bouleversé qu'il acquit par lui-même une éducation qui le rendit apte à devenir un grand inventeur.

La surdité partielle d'Edison (tout comme son renvoi de l'école) pourrait être considérée par certaines personnes comme un échec d'une énorme importance, mais il s'y adapta si bien qu'il développa la faculté d'entendre de l'intérieur, par un sixième sens. Ce fut peut-être ce facteur qui lui permit de découvrir tellement de secrets de la nature qui allaient servir à ses inventions.

La perte de ma mère, qui mourut quand j'étais un très jeune garçon, aurait été considérée par certains comme un handicap important, mais il n'en fut rien. J'ai trouvé une compensation à la perte de ma mère en la personne de ma belle-mère dont l'influence fut si profonde sur moi qu'elle m'incita à m'engager dans un chemin où j'ai été capable de servir les autres à un degré beaucoup plus grand que je ne l'aurais fait autrement.

Je croyais avoir subi un grand échec quand un grand-oncle multimillionnaire (dont je porte le nom) mourut, et ne me laissa rien. J'eus plus tard des raisons d'être reconnaissant d'avoir été ignoré dans son testament, car je dus maîtriser la pauvreté par moi-même, de ma propre initiative, et *en agissant ainsi, j'ai appris la façon d'enseigner aux autres comment le faire.*

Analysez l'échec dans n'importe quelle circonstance de votre choix et vous découvrirez une vérité profonde : que chaque échec amène un bénéfice équivalent. Cela ne veut pas dire que l'échec amène avec lui le bénéfice même, mais seulement la source qui doit être découverte, qui doit jaillir, et qui doit être développée jusqu'à sa réalisation par notre initiative personnelle, notre imagination et la précision de nos buts.

La plupart des gens considéreraient la perte de l'usage de leurs jambes comme un échec important, mais Franklin D. Roosevelt envisagea cette perte d'une façon telle qu'il a très bien su s'accommoder de béquilles. Son *attitude mentale* déterminée envers son infirmité était telle que son handicap s'en trouva réduit à un minime inconvénient.

Les échecs d'Abraham Lincoln comme magasinier, géomètre, soldat et avocat orientèrent ses talents dans une direction qui le prépara à devenir le plus grand président que les États-Unis aient jamais connu.

Plus de vingt échecs majeurs que j'ai expérimentés au cours de la première partie de ma carrière changèrent ma vie et me guidèrent probablement vers le domaine dans lequel je pouvais le mieux servir les autres.

L'échec de Clarence Saunders comme commis de magasin lui donna une idée de laquelle il tira un profit de quatre millions de dollars en quatre ans. Son idée fut d'instaurer le système « Piggly Wiggly » de libre-service dans les épiceries, qui marqua le début du libre-service maintenant répandu presque partout dans le monde.

L'échec dans la santé physique détourne souvent l'attention de l'individu de son corps au profit de la puissance de son esprit et le présente au vrai « patron » de son corps, l'esprit, lui offrant ainsi une multitude d'occasions qu'il n'aurait jamais connues sans la maladie.

Milo C. Jones de Fort Atkinson, Wisconsin, arrivait à peine à survivre sur sa ferme jusqu'à ce qu'il soit frappé de paralysie totale. C'est alors qu'il fit une découverte que seule une telle infirmité pouvait lui faire découvrir. Il réalisa qu'il avait un esprit, et que ses possibilités de réalisation n'étaient limitées que par ses désirs, et par ce qu'il lui demandait, même sans l'usage de son corps physique. Avec l'aide de son esprit, il conçut l'idée de faire de la saucisse avec la viande de jeunes porcs, nomma son produit « Little Pig Sausage », et il devint multimillionnaire.

Le fait que M.Jones ne découvrit pas cette fabuleuse source de richesses alors qu'il avait le plein usage de son corps est une chose qui nous fait réfléchir intensément. La grande loi du changement força Milo Jones à s'arrêter littéralement, et à se défaire de ses vieilles habitudes, de façon à le rendre conscient de la puissance de son cerveau, qu'il découvrit infiniment plus grande que la puissance de ses muscles.

Il est vrai que la nature ne permet jamais à un individu d'être privé de ses droits innés, et de ses talents sans lui procurer un bénéfice équivalent sous une forme quelconque, comme dans le cas de Milo C. Jones.

L'échec est un bienfait ou un malheur, selon la réaction de l'individu qui y fait face. Si on regarde l'échec comme un coup de coude de la destinée qui nous fait signe de changer de direction, et si on réagit à ce signal de la bonne façon, l'expérience est à peu près sûre de devenir un bienfait. Si l'on accepte l'échec comme un signe de faiblesse et qu'on le rumine jusqu'à ce qu'il devienne un complexe d'infériorité, c'est un malheur. *La nature de notre réaction* peut tout changer, et cette dernière est toujours sujette à un contrôle immédiat.

Personne n'est parfaitement immunisé contre l'échec, et chacun le rencontre plusieurs fois au cours de sa vie, mais chacun a aussi le privilège et les moyens de réagir à l'échec de la manière qui lui plaît.

Des circonstances sur lesquelles nous n'avons aucun contrôle peuvent – et cela arrive parfois – se solder par un échec, mais il n'en existe pas qui peuvent nous empêcher de réagir à notre avantage devant l'échec.

L'échec est un mécanisme de mesure précis par lequel un individu peut déterminer ses faiblesses, lui offrant en même temps l'occasion de les corriger. En ce sens, l'échec est toujours un bienfait.

L'échec touche habituellement les gens de l'une ou l'autre des façons suivantes : ou il sert de défi pour faire un plus grand effort, ou il asservit l'individu et le décourage au point de tout laisser tomber.

La majorité des gens abandonnent tout espoir et démissionnent aux premiers signes d'échec. Et bien des gens baissent les bras devant un seul échec. Un leader en puissance ne se laisse jamais subjuguer par l'échec, mais il se sent toujours poussé à un plus grand effort. Surveillez vos échecs et vous apprendrez si vous avez en vous ce qu'il faut pour être un leader. Votre réaction vous donnera un indice infaillible.

Si vous pouvez persister après trois échecs dans une entreprise donnée, vous pouvez vous considérer comme un leader en puissance. *Si vous pouvez persister après une douzaine d'échecs, c'est que votre âme recèle le germe du génie.* Donnez-lui le soleil de l'espoir et de la foi, et voyez-le accomplir de grandes réalisations.

Il appert que la nature frappe souvent les individus à coups de revers pour savoir lesquels d'entre eux vont se relever, et livrer un autre combat ! Ceux qui y parviennent sont destinés à servir l'humanité en tant que leaders dans les entreprises humaines les plus importantes.

La prochaine fois que vous subirez un échec, si vous vous souvenez que chaque échec et que chaque revers recèlent le germe d'un bénéfice équivalent, et que vous commencez là où vous êtes à reconnaître ce germe, et à le faire pousser par l'action, vous pouvez découvrir qu'il *n'y a jamais d'échec réel tant qu'on ne l'accepte pas comme tel*!

Il aurait été tout à fait naturel et logique pour Milo C. Jones de considérer son infirmité comme le coup de grâce duquel il ne se relèverait jamais, et personne ne l'en aurait blâmé. Mais il a réagi à son handicap d'une façon positive, ce qui lui a donné de meilleures façons de composer avec la puissance de son esprit. Sa *réaction* était l'élément important de l'expérience, parce qu'elle lui a rapporté des richesses telles qu'il n'avait jamais rêvé en acquérir.

La plupart des soi-disant échecs ne sont que des défaites temporaires qui peuvent être transformées en avantages inestimables si l'on adopte une attitude positive envers eux.

De la naissance à la mort, la vie pose un défi constant aux gens pour qu'ils maîtrisent l'échec sans jamais se déclarer battus, et elle récompense d'une opulente richesse, et de grands pouvoirs personnels ceux qui relèvent le défi avec succès.

Le monde pardonne généreusement les fautes et les défaites temporaires, pourvu qu'on les accepte comme telles et que l'on continue à lutter, mais il n'y a pas de pardon pour le péché d'abandon devant les circonstances pénibles.

La devise de la vie, c'est: « *Un gagnant n'abandonne jamais et un perdant ne gagne jamais!* »

L'échec du Japon durant la Seconde Guerre mondiale fut sa plus grande victoire, car cet échec brisa le cercle vicieux de la superstition à laquelle le peuple japonais était asservi, lui donna pour la première fois le goût de la démocratie, et une occasion de prendre sa place dans la famille des peuples civilisés, sur un pied d'égalité.

Dans toutes les entreprises humaines, la nature semble favoriser le «fou» qui ne sait pas qu'il pourrait échouer, mais qui va de l'avant et fait «l'impossible» avant même de découvrir que ça ne peut être fait.

Henry P. Kaiser n'avait jamais construit de bateaux pouvant tenir la mer, mais l'imprévu de la Seconde Guerre mondiale demandait plus de bateaux que les chantiers de construction navale ne pouvaient en fournir. Kaiser commença donc par construire des bateaux avec une telle foi et un tel enthousiasme que, littéralement, il arracha le marché à certains des hommes plus âgés et plus expérimentés, et brisa les records de production aux prix les plus bas de tous les temps!

L'homme qui dit: «Ça ne peut pas être fait», finit habituellement bien loin derrière l'homme qui est occupé à le faire, *de l'homme qui réussit parce qu'il s'est lancé dans le chemin des lois de l'univers et s'est adapté à ses habitudes,* faisant face ainsi aux échecs et s'en protégeant. La personne qui dit que «ça ne peut être fait» n'a jamais étudié les lois de la nature.

Un vieux prospecteur passa 30 ans à la recherche de métaux précieux, et ne connut que déception et désespoir jusqu'à ce que sa fidèle mule se casse une patte dans un trou d'écureuil. La mule dut être abattue. En creusant un trou pour l'enterrer, le prospecteur découvrit le plus riche filon de cuivre au monde!

Le destin choisit souvent des moyens extraordinaires pour récompenser les gens qui tiennent bon, et ont la volonté de persister malgré la défaite.

Dans ce monde de réalisme pratique, il ne faut jamais oublier que *nos seules limites* sont celles que nous imposons à notre esprit, ou que nous permettons à d'autres d'établir pour nous.

Désormais et pour toujours, souvenez-vous qu'aucune expérience ne peut être qualifiée d'échec jusqu'à ce qu'elle soit acceptée comme tel ! Souvenez-vous aussi que seule la personne qui fait une expérience donnée a le droit de la qualifier d'échec, ou de tout autre nom ; personne d'autre n'a le droit de se prononcer sur cette expérience.

Cinquante-quatre causes importantes d'échec

1. L'habitude de se laisser aller au gré des circonstances, sans but.

2. Une malformation congénitale.

3. Une curiosité malsaine pour les affaires des autres.

4. L'absence d'un objectif précis comme idéal de vie.

5. Le manque d'instruction.

6. Un manque de discipline, qui se manifeste par des excès de boisson, de nourriture et de désirs sexuels, et par l'indifférence face aux occasions d'avancement.

7. Le manque d'ambition dans la lutte contre la médiocrité.

8. La maladie, attribuable à des erreurs de jugement, à une diète inadéquate, et au manque d'exercice physique. N'oubliez pas que certaines personnes, comme Helen Keller, ont rendu de grands services malgré leurs maux.

9. L'influence néfaste du milieu durant l'enfance. On a dit que l'essentiel du caractère est déjà formé chez l'enfant dès l'âge de sept ans.

10. Le manque de ténacité pour terminer ce que l'on a commencé.

11. Une attitude mentale négative.

12. Le manque de contrôle sur ses sentiments.

13. Le désir d'obtenir quelque chose pour rien, en général par les jeux de hasard.

14. Manquer de prendre des décisions d'une façon rapide et définitive, et de s'y tenir lorsqu'elles sont prises.

15. L'une ou plusieurs des sept peurs principales.

16. Le mauvais choix d'un conjoint ou d'une conjointe.

17. Trop d'insouciance en affaires ou dans ses relations professionnelles.

18. L'absence de toute forme de prudence.

19. Un mauvais choix d'associés.

20. Un mauvais choix de carrière ou une absence de choix.

21. Un manque de concentration dans l'effort pour une tâche donnée.

22. L'habitude de dépenser à tort et à travers sans contrôler ses revenus et ses dépenses.

23. Un piètre emploi du temps.

24. Le manque d'enthousiasme *contrôlé*.

25. L'intolérance : un esprit fermé, basé surtout sur l'ignorance ou les préjugés sur les sujets religieux, politiques et économiques.

26. L'absence de coopération dans un esprit d'harmonie.

27. La possession de pouvoirs ou de richesses qui n'ont pas été gagnés ou dont nous ne sommes pas dignes.

28. Le manque de loyauté envers ceux à qui elle est due.

29. L'égoïsme et la vanité non maîtrisés.

30. L'habitude de se faire des opinions, et de faire des projets sans les baser sur la connaissance réelle des faits essentiels.

31. Un manque suffisant de prévoyance et d'imagination pour reconnaître les occasions favorables.

32. Refuser de faire un effort pour rendre un service.

33. Le désir de se venger pour des torts réels ou imaginaires.

34. L'habitude de parler en termes vulgaires ou irrespectueux.

35. L'habitude de faire courir des cancans sur les affaires des autres.

36. Une attitude antisociale envers le gouvernement.

37. La négation de l'existence de l'Intelligence Infinie.

38. Le manque de connaissances sur la façon de prier pour amener des résultats positifs.

39. Le refus de profiter des conseils des autres dont l'expérience nous est nécessaire.

40. L'insouciance devant ses dettes personnelles.

41. L'habitude de mentir ou de modifier excessivement la vérité.

42. L'habitude de critiquer sans avoir été invité à le faire.

43. Prolonger les délais quand on a contracté des dettes.

44. La cupidité pour les possessions matérielles dont on n'a nul besoin.

45. Ne pas être suffisamment sûr de soi pour accomplir un objectif choisi.

46. La servitude à l'alcool et aux drogues.

47. L'abus du tabac, spécialement l'habitude de fumer des cigarettes l'une après l'autre.

48. L'habitude de défendre sa propre cause concernant des contrats et des affaires légales.

49. L'habitude de garantir les chèques des autres quand vous devez courir un risque.

50. L'habitude de temporiser, de remettre à demain ce qui aurait dû être fait hier.

51. L'habitude de fuir les circonstances désagréables au lieu de les maîtriser.

52. L'habitude de trop parler, et de ne pas écouter. On n'apprend rien quand on parle ; pour apprendre, il faut écouter parler les autres.

53. L'habitude d'accepter des services d'autrui sans jamais les rendre.

54. Les intentions malhonnêtes en affaires, et dans ses relations professionnelles.

Évaluez-vous en regard de ces 54 causes d'échec, et si vous pouvez dire que tout va bien pour chacune d'elles, il est probable que l'échec n'aura jamais raison de vous. Bien plus, vous n'avez pas à vous en faire au sujet d'une visite chez le dentiste ou le chirurgien, car tout est réglé.

Après avoir fait votre évaluation personnelle, il peut être à la fois intéressant et utile qu'une autre personne vous évalue relativement à chacune de ces causes d'échec, quelqu'un qui vous connaît assez bien et qui vous permettra de vous regarder par l'entremise de ses yeux à lui.

9

Le chagrin, sentier de l'âme :
Le septième miracle de la vie

Jamais le chagrin n'est voulu, mais il est l'un des mécanismes les plus efficaces dont se sert la nature pour préparer les êtres humains à devenir modestes et coopératifs dans leurs relations humaines.

Quand une personne qui a connu un grand chagrin a envie de critiquer ou de condamner ceux avec qui elle n'est pas d'accord, ou ceux qui l'ont lésée, elle peut s'abstenir et, au lieu de les condamner, dire : « Que Dieu ait pitié de nous tous ! » Quand nous rencontrons ce genre de personne, nous reconnaissons par intuition que nous sommes en présence de la dignité !

Le chagrin est le remède de l'âme. Sans lui, cette dernière ne serait pas souvent reconnue. Sans l'élévation qu'apporte le chagrin, l'homme en serait encore au même niveau que les animaux, c'est-à-dire au stade inférieur de l'intelligence. Le chagrin abat les barrières entre l'homme physique et sa puissance spirituelle.

Le chagrin nous débarrasse de nos vieilles habitudes, et les remplace par de nouvelles et de meilleures, ce qui veut

129

dire que le chagrin est le moyen que prend la nature pour empêcher que l'homme ne s'enlise dans la suffisance.

Par mon seul et unique grand chagrin, j'ai découvert le sentier qui mène jusqu'à mon âme, ce qui m'a permis de connaître la liberté, et préparer le chemin pour la rédaction de ce livre.

Le chagrin est proche du sentiment d'amour – le plus grand sentiment de tous – et quand vient le malheur, le chagrin rapproche les gens dans un esprit d'amitié, et pousse l'homme à reconnaître le bienfait de se sentir le gardien de son frère.

Le chagrin adoucit la pauvreté et embellit les richesses !

Les richesses qui ne sont révélées que par le chagrin sont si grandes et si variées qu'il est impossible d'en faire l'inventaire. La capacité de pouvoir éprouver du chagrin est en soi un signe de profondes qualités spirituelles. Les méchants ne connaissent jamais le chagrin, car s'ils le connaissaient, ils ne seraient pas des méchants.

Le chagrin force l'homme à dresser un inventaire introspectif de lui-même, où il peut découvrir le remède à toutes ses maladies, et à toutes ses déceptions. En plus de cela, il nous amène aux bienfaits de la méditation et du silence, où des forces invisibles peuvent nous apporter une aide et un réconfort qui répondent à nos besoins.

Quand un homme se retrouve en lui-même, et découvre les puissances stupéfiantes qui sont à sa disposition, la révélation lui vient habituellement de la perte d'un être aimé, d'un échec en affaires, ou d'un malheur qui échappe à son contrôle.

Il y a certains perfectionnements nécessaires au corps et à l'esprit, et que la nature semble apporter seulement par le biais du chagrin, comme l'élimination de l'égoïsme, de l'arrogance, de la vanité et du narcissisme.

Le chagrin, tout comme l'échec, peut être un bienfait ou un malheur selon notre réaction. S'il est accepté comme une discipline nécessaire, sans ressentiment, il peut devenir un grand bienfait. Si, au contraire, nous nous en indignons, et n'y voyons aucun avantage, il peut alors devenir un malheur. Le choix reste entièrement le privilège de l'individu.

Parfois, le chagrin devient de l'apitoiement sur soi-même, et il ne sert alors qu'à affaiblir celui qui le comprend de cette façon. Le chagrin n'est bénéfique que lorsqu'il est éprouvé comme un sentiment de sympathie envers autrui, ou accepté par l'individu comme une discipline qui tombe à point.

On n'est jamais en contact plus intime avec l'Intelligence Infinie qu'en période de profond chagrin. C'est dans ces moments-là que la prière est la plus efficace et qu'elle apporte, souvent, des résultats positifs immédiats.

Le chagrin a révélé au monde des génies qui n'auraient jamais été reconnus sans l'analyse de ses effets profonds.

Le chagrin d'Abraham Lincoln pour la perte de la seule femme qu'il aima, Ann Rutledge, révéla au monde sa grande âme, et donna à l'Amérique son plus grand leader alors qu'elle en avait un urgent besoin.

La frustration qui vient d'un amour non partagé amène souvent l'individu à un tournant dans sa vie, où le chagrin fait son apparition et le guide vers de grandes réalisations, ou devient une entrave qui peut amener sa destruction totale, selon la manière dont il réagit par rapport au chagrin.

Ici encore, le choix revient entièrement à l'individu !

Même le Créateur ne supprimera pas notre privilège de contrôler notre esprit, et de l'utiliser à quelque fin que nous visions ; et aucune autre puissance ne peut abolir ce privilège sans notre consentement.

Le chagrin peut s'avérer d'une puissance considérable pour faire le bien quand il est converti en une action constructive, ou une réforme personnelle. Le chagrin a été reconnu comme un puissant remède contre l'alcoolisme, après que tout le reste ait échoué. Et il est reconnu comme tel pour la plupart des péchés de l'homme. Quelqu'un a dit : « Quand le chagrin échoue, le diable prend le pouvoir. »

Dans les moments de chagrin, les gens laissent tomber leurs masques, et se révèlent tels qu'ils sont, car le chagrin est un moment de vérité pour l'humble comme pour l'orgueilleux. Sans le chagrin qu'il éprouve, l'homme serait un animal aussi féroce que le tigre le plus sauvage, et infiniment plus dangereux à cause de son intelligence supérieure.

En élevant l'homme au plus haut degré de son intelligence, le Créateur a sagement raffiné cette intelligence en lui donnant la capacité d'éprouver du chagrin, afin d'assurer la modération de l'homme dans l'usage de sa supériorité. Les sadiques et les grands criminels sont habituellement des individus d'une intelligence supérieure qui ne connaissent pas le chagrin.

Une personne qui ne peut éprouver de chagrin est ce qui ressemble le plus à un démon incarné.

S'il vous arrivait un jour de penser que vos chagrins sont plus grands que ce que vous pouvez supporter, souvenez-vous que vous êtes à la croisée des chemins de la vie. Il y a quatre directions que vous pouvez prendre. L'une d'entre elles peut vous conduire à la tranquillité d'esprit que vous n'auriez trouvée dans aucune autre direction, ou par aucun autre moyen. Souvenez-vous aussi que la personne qui n'a jamais senti le poids du chagrin n'a jamais réellement vécu, car le chagrin est la clé de la porte de son âme, porte ouverte à l'Intelligence Infinie.

Le chagrin est une solution transitoire, une sorte de soupape de sûreté qui protège ceux qui refusent d'écouter leur raison. Le chagrin fortifie les grandes âmes, et écrase les faibles et les rebelles.

J'ai fréquenté l'école du chagrin jusqu'à l'âge de 50 ans. De ma naissance jusqu'à cet âge, j'avais éprouvé à peu près toutes les sortes de chagrins, et j'en avais triomphé d'une façon ou d'une autre. J'avais connu le chagrin sous toutes ses formes, sauf une, qui fut la dernière et la plus grande de toutes. C'était un nouveau genre de chagrin contre lequel j'avais oublié d'élever un mur. Il concernait le plus profond, et aussi le plus dangereux des sentiments : l'amour.

Je m'étais aventuré dans le jardin de l'Amour par un sentier qui s'avéra être un labyrinthe dans lequel je pouvais difficilement faire marche arrière. J'avais vu des centaines de mes étudiants faire la même erreur et toujours j'avais ressenti quelque chose comme un peu de mépris envers leur faiblesse. Maintenant, le faible, c'était moi.

Enfin, je connaissais le chagrin de l'amour non partagé, et je savais aussi que je devais trouver une façon de transformer cette expérience en une action constructive. Pour cette expérience désagréable, comme pour toutes les autres, j'ai entrepris sa transformation en établissant un horaire de travail qui ne me laissait pas une minute pour les regrets.

Curieusement, la main du destin me guida vers la petite ville de Clinton, en Caroline du Sud, où je m'installai pour surmonter mon chagrin, et écrire mon livre sur la science de la réussite, un travail qui me demanda plus d'un an. Dans l'appartement où je vivais seul, il y avait une peinture à l'huile ; elle représentait une belle forêt à travers laquelle coulait une grande rivière qui, à un détour, disparaissait brusquement.

Tous les soirs, je m'asseyais devant cette peinture ; j'attendais et je surveillais l'apparition du navire de l'espoir au détour de la rivière. Le navire ne vint jamais, et les jours se changèrent en semaines, et les semaines en mois. J'étais toujours seul avec moi-même. J'avais toujours su échapper à toutes les autres circonstances désagréables de ma vie, mais là, j'étais semble-t-il prisonnier de moi-même, et la monotonie de cette situation sembla plus grande que ce que je pouvais endurer.

J'étais destiné à tirer de cette expérience l'une des plus grandes leçons de ma carrière, à savoir que l'homme n'est pas complet sans la compagnie de la femme de son choix. Je n'aurais pu apprendre cette leçon d'aucune autre façon.

Un soir, alors que je vivais seul depuis un an, je m'apprêtais à sortir, et dans la lumière tamisée de mon appartement, je lançai un regard à la peinture sur le mur. Par un étrange phénomène, attribuable sans doute à la faiblesse de l'éclairage, je vis l'image parfaite d'un navire apparaissant dans le détour. « Mon navire de l'espoir, enfin ! » m'exclamai-je.

Lorsque je m'assis à la table de mon hôte, ce soir-là, j'ai su clairement pourquoi j'avais été guidé vers la petite ville de Clinton, car là, en face de moi, était assise ma future épouse, celle que j'avais cherchée si longtemps, sans savoir qu'elle demeurait tout près de chez moi.

Ainsi, de mon plus grand chagrin, la loi éternelle de la compensation m'a apporté la plus grande de toutes mes richesses : Une femme prête à marcher main dans la main avec moi à travers l'après-midi de la vie, pendant que nous travaillons ensemble à mettre la touche ultime à une carrière dont le chagrin a été transformé en une philosophie destinée à bénéficier à des millions de gens.

Mais je n'aurais jamais réussi, la philosophie de la science de la réussite n'aurait jamais existé, si je n'avais pas appris l'art béni de transformer les circonstances désagréables en une action constructive.

Souvenez-vous de ce mot, « transformer », quand vous serez assis dans le fauteuil d'un dentiste, et gardez votre esprit tellement absorbé dans des pensées constructives, que jamais vous n'aurez le temps de ressentir la douleur. Et quand le chagrin vous surprendra, suivez le même conseil en pensant à la réalisation d'un but non encore atteint.

Soyez tellement absorbé par la recherche des moyens pour y arriver que vous ne puissiez vous laisser aller à vous apitoyer sur vous-même. Faites cela et vous découvrirez un bien caché que vous ne saviez pas posséder, un atout valant plus que la rançon d'un roi : *Vous découvrirez que vous êtes maître de vous-même !*

Je connais les effets du chagrin parce que je suis né au milieu d'un océan de larmes. La maison dans laquelle je suis né n'était qu'une cabane d'une seule pièce située dans les montagnes du sud-ouest de la Virginie, et au moment de ma naissance, nous ne possédions qu'un cheval, une vache, un lit et un four dans lequel ma mère cuisait le pain de maïs.

Théoriquement, je n'avais pas l'ombre d'une chance de devenir un homme libre, et encore moins de chance de rendre service un jour à mes semblables à travers le monde. Mes parents et mes voisins étaient pauvres et illettrés. Le seul bien de valeur dont j'ai hérité à ma naissance était un corps sain.

À partir de cette brève description de mon passé, vous pouvez vous demander pourquoi je fus choisi pour donner au monde sa première philosophie pratique du succès personnel. Je me le suis souvent demandé moi-même ! Mais le philosophe nous dit que « Dieu agit d'une façon mystérieuse pour réaliser ses merveilles ».

De mes chagrins d'enfance, j'ai gardé un désir passionné d'atténuer les chagrins des autres, un désir si fort et si intense qu'il me demanda plus de vingt ans de recherches, sans aucun profit, sur les raisons de la réussite et de l'échec. Peut-être que les chagrins de ma jeunesse me furent envoyés dans le but de m'inspirer pour rendre au monde un service utile.

Quand je dis « recherches, sans aucun profit », je veux dire, bien sûr, que je n'ai reçu aucune compensation financière pendant que j'effectuais mes recherches. Quant à l'ultime compensation que cette recherche m'apporta, je crois sincèrement qu'aucun auteur n'a eu autant d'aide, ou une occasion aussi favorable de faire n'importe quel genre de travail littéraire que celle que j'ai eue pendant ces 20 ans, alors que j'édifiais la science de la réussite.

Enfin, ces années sans profit m'aidèrent à influencer vraiment d'innombrables vies, et me donnèrent personnellement plus que ma part des douze grandes richesses *qui représentent tout ce qu'il y a dans la réussite personnelle sur cette terre.*

Si je pouvais retourner en arrière et vivre ma vie encore une fois, est-ce que j'éviterais ces chagrins de mon enfance? Non, certainement pas, car ce sont ces expériences qui ont tempéré mon corps et mon esprit, et qui ont affiné mon âme en vue d'une tâche dont le résultat permet d'aider ceux qui luttent maintenant pour trouver leur chemin à travers la jungle de la vie.

Saisissez toute la portée de ce que j'essaie de vous transmettre ici, et vous comprendrez pourquoi j'ai dit que ce volume sera quelque chose de plus approfondi qu'un énoncé de simples directives sur la façon de maîtriser la peur des interventions chirurgicales.

Si j'ai fait mon travail comme j'ai espéré pouvoir le faire en écrivant ce volume, *il conduira le lecteur à une source de pouvoirs par laquelle toutes les circonstances déplaisantes pourront être transformées en services utiles,* une source de pouvoirs qui agit à travers cet autre moi qu'on ne voit pas, quand on se regarde dans un miroir.

Dès que vous aurez appris à évaluer correctement le chagrin, vous saurez aussi en reconnaître les avantages, et vous comprendrez qu'il est l'un des moyens les plus importants dont se sert la nature pour *séparer l'homme de son origine animale.* Les animaux n'éprouvent jamais le sentiment bienfaisant du chagrin, à l'exception du chien que sa longue association avec l'homme rend quelque peu semblable à celui-ci, bien qu'il demeure toujours inférieur.

Si vous avez une grande capacité pour le chagrin, vous avez aussi une grande capacité pour le génie, pourvu que vous l'accueilliez comme une source de discipline, et non comme un moyen de vous apitoyer sur votre sort.

En poursuivant notre voyage à travers la vallée des grands miracles, vous constaterez que chacun de ceux-ci comporte des possibilités spirituelles d'un grand avantage pour ceux qui les interprètent correctement. Vous constaterez aussi *que la tranquillité d'esprit est réservée à ceux qui interprètent correctement les lois de la nature, et qui vivent en conséquence.* Si vous ne saisissez pas cela, c'est que l'essentiel de ce livre vous échappe !

Le chagrin est le dénominateur universel qui sert à rétablir l'ordre dans une communauté ou une famille, quand la malchance frappe. J'ai vu le chagrin rapprocher des conjoints qui n'auraient cédé à aucune autre influence ; je l'ai vu balayer des montagnes de querelles qui existaient depuis des générations.

Le sentiment de chagrin, comme le sentiment de l'amour, affine l'âme de ceux qui en font l'expérience, et leur donne le courage et la foi dont ils ont besoin pour faire face aux épreuves et aux tribulations de la lutte dans un monde de chaos, *pourvu toujours que le chagrin soit accepté comme un bienfait, et non comme un malheur.* Le ressentiment provoque des ulcères d'estomac, une tension artérielle élevée, et provoque l'antipathie chez autrui.

Tous les chagrins apportent une joie équivalente ! Cherchez-en la source, faites-la jaillir et abreuvez-vous de cette joie. Lorsque vous réussirez à faire cela, vous ne vous laisserez plus effrayer par des choses aussi dérisoires que *des interventions chirurgicales, même si ce sont des interventions majeures.*

Au lieu de vous dorloter quand vous avez du chagrin, regardez autour de vous pour trouver quelqu'un qui a un plus gros chagrin que le vôtre et aidez-le à le surmonter.

Vous verrez que *votre propre chagrin se sera transformé en un remède pour votre corps et votre âme – le* genre de remède grâce auquel vous pourrez vous guérir des suites d'autres expériences déplaisantes.

10

Le but irrévocable de la nature : Le huitième miracle de la vie

L'établissement des lois naturelles est un miracle qui sauvegarde à jamais tous les plans et buts de la nature, et garantit que le plan global de l'univers sera exécuté *sans possibilité d'ingérence de la part de l'homme.*

La loi cosmique de la force de l'habitude contrôle toutes les autres lois naturelles ; c'est la puissance qui fixe toutes les habitudes de chaque être vivant dans les ordres inférieurs à celui de l'homme. Elle fixe aussi les habitudes de l'énergie et de la matière aussi bien que celles de la distance, et des relations entre toutes les étoiles et les planètes.

L'homme seul a le privilège et les moyens de pouvoir décider de ses propres habitudes, bonnes ou mauvaises. Les habitudes de toute chose vivante inférieure à l'homme sont fixées par ce que nous appelons l'instinct ; le modèle instinctif de chaque chose vivante de cet ordre détermine donc ses limitations, et l'étendue de ses activités.

Le privilège de l'homme de prendre une habitude ou de s'en défaire ne relève que de son bon vouloir, au point qu'il n'est lié par aucune forme de limites héréditaires, comme le sont toutes les formes inférieures de vie. Cette grande vérité universelle : « Quoi que l'esprit de l'homme puisse concevoir et croire, l'esprit peut le réaliser », est basée sur le pouvoir que l'homme a de se défaire de toutes les habitudes qui se sont ancrées en lui de par la loi de la force de l'habitude, et de les remplacer par d'autres habitudes de son choix.

Lorsqu'une personne se fixe un but et fait des projets pour l'atteindre, la loi cosmique de la force de l'habitude lui fera prendre des habitudes relativement à ce but, de telle sorte qu'elles le conduiront directement à celui-ci. Toutefois, on peut se défaire de ses habitudes selon sa volonté, changer ses plans et ses objectifs, et mettre sur pied un ensemble d'habitudes tout à fait nouvelles pour atteindre cet objectif.

Ce pouvoir qu'a l'homme de choisir et de contrôler ses habitudes fait qu'il n'est inférieur qu'à l'Intelligence Infinie et, par conséquent, lui donne le privilège de faire appel, à volonté, aux forces de cette dernière pour parvenir à ses fins. Il n'y a qu'à faire l'inventaire de ce que l'homme a réalisé au cours de la première partie du 20ᵉ siècle pour en avoir la preuve ; durant cette période, il a arraché plus de secrets à la nature qu'il ne l'avait fait depuis les débuts de l'humanité.

Pas à pas, par l'exercice de ses habitudes de pensée, l'homme s'est introduit dans l'âge des commandes presse-bouton qui lui permettent de répondre à chacun de ses besoins simplement en pressant des boutons qui émettent des vibrations dans la direction de son choix.

Peut-être que cette évolution de l'homme, par laquelle il a chargé les machines de la plus grande partie des travaux qu'il devait auparavant exécuter manuellement, n'est qu'une partie du plan de la nature pour l'amener à la puissance de son esprit par le procédé de l'élimination. Quand il n'y aura plus aucun besoin de puissance physique, l'homme aura alors le temps de découvrir et d'utiliser la puissance de son cerveau; et grâce à cette découverte, il peut apprendre à faire toutes les choses que Jésus le Nazaréen le défia de faire : « Encore mieux que ce que j'ai fait. »

Les étoiles, les planètes et la matière nébuleuse qui a servi à les former sont reliées les unes aux autres par les habitudes d'établissement de la nature, agissant selon la loi cosmique de la force de l'habitude. Le jour et la nuit, les saisons de l'année, la loi de l'équilibre et chaque chose vivante, à l'exception de l'homme, sont liés par des habitudes inexorables qui permettent une prédiction précise de leurs mouvements, et de leurs actions longtemps à l'avance.

Il n'y a que l'homme qui ait le privilège de déterminer sa destinée, avec le droit de la rendre plaisante ou déplaisante, heureuse ou malheureuse, riche ou pauvre, et ses réalisations sont toujours imprévisibles parce que ses pouvoirs sont illimités.

Si l'homme avait deux privilèges de plus que ceux qu'il possède déjà, il serait sur un pied d'égalité avec le Créateur, à savoir : (1) le privilège de choisir l'instant de sa naissance; et (2) le privilège de choisir l'instant de sa mort. L'homme a la possibilité de contrôler à peu près n'importe quoi d'autre, mais hélas, il découvre rarement la puissance à sa disposition, ou encore il ne tente pas de se servir de cette puissance qui lui permettrait d'élever son esprit ou de rendre le monde meilleur.

Dans l'ensemble, l'homme se contente de mener une lutte acharnée contre les forces qui lui apparaissent hostiles parce qu'il ne les comprend pas – des forces telles que les grands miracles de la vie – et il se contente volontiers d'un endroit où il pourra dormir, avec un peu de nourriture pour se remplir le ventre, et assez de vêtements pour dissimuler sa nudité.

Parfois, un individu se détache de cette longue procession d'êtres humains, prend possession de son esprit, reconnaît sa puissance et l'utilise. C'est ainsi que le monde a trouvé un Edison, un Ford, un Luther Burbank, un Alexander Graham Bell ou un Henry J. Kaiser; des gens qui ont abattu toutes les contraintes qu'ils s'étaient imposées parce qu'ils ont appris que quoi que l'esprit puisse concevoir et croire, il peut le réaliser.

Des génies? Oui, parce que le génie est simplement la découverte de soi!

Apprenez à vous connaître – surtout votre autre moi qui ne connaît aucune limite – et vous pourrez devenir « le maître de votre destinée, le capitaine de votre âme », et la tranquillité d'esprit vous viendra aussi naturellement que de manger lorsque vous avez faim.

La faiblesse majeure de l'homme ne vient pas des richesses qu'il lui manque; elle tient au fait *qu'il néglige de se servir de ce qu'il a déjà!* Moins d'un pour cent des gens d'une génération donnée sont prêts à porter le flambeau de la civilisation pour le remettre à la génération suivante. La civilisation est maintenue par ceux qui ont découvert et qui utilisent leur esprit. La même chose est vraie pour l'entreprise commerciale moyenne, où un pourcentage relativement infime des individus qui y œuvrent sont responsables de son succès. *Les autres sont présents de corps, mais non d'esprit,* et ils retirent souvent plus du commerce qu'ils ne donnent.

La nature n'hésite pas, ne remet pas à plus tard, ne change pas ses plans, et est en ce sens le plus merveilleux exemple à suivre. Ceux qui réussissent suivent effectivement son exemple, *les ratés ne le font pas.*

L'une des découvertes les plus impressionnantes que je fis au cours de mon contact avec les hommes et les femmes couronnés de succès, qui m'aidèrent à édifier la science de la réussite, c'est qu'ils agissaient toujours dans un but bien précis et que jamais ils n'hésitèrent, ne ralentirent ou n'abandonnèrent quand ça allait mal. Ils réussirent parce qu'ils savaient ce qu'ils désiraient ; ils firent des plans pour y arriver, et suivirent ces plans jusqu'à ce qu'ils soient récompensés par le succès.

J'ai souvent pensé, lorsque j'observais des gens ayant réussi, ceux qui s'en tiennent à leur but même après des échecs répétés, que l'Intelligence Infinie aide celui qui n'abandonne pas devant les obstacles ; d'une façon ou d'une autre, ces gens triomphent toujours à la fin, peu importe le nombre de handicaps qu'ils doivent maîtriser.

Quand j'entendis pour la première fois que Thomas A. Edison avait surmonté plus de 10 000 échecs avant de trouver le secret de la lampe électrique à incandescence, je me demandai combien d'êtres humains pouvaient ou voulaient payer un tel prix pour connaître la victoire. Plus tard, alors que je m'étais familiarisé avec l'esprit d'Edison et la méthode par laquelle il l'appliquait à la solution de ses problèmes, *j'ai découvert que c'étaient les effets de la discipline de ces 10 000 échecs qui firent d'Edison le plus grand inventeur de tous les temps.*

Edison a sûrement réalisé, lorsqu'il rencontrait échec sur échec, que son obstination lui révélerait à la fin le secret qu'il cherchait. J'arrive à cette conclusion à cause de mes propres expériences de l'échec, alors que je cherchais les raisons du succès et de l'échec, car chacun de mes échecs eut pour effet de me rendre plus déterminé à connaître le succès. Cette petite voix calme qui nous parle de l'intérieur me répéta de ne pas lâcher quand j'étais dépassé par une défaite temporaire.

Si nous pouvions expérimenter une seule fois les douleurs physiques et mentales ressenties par ceux qui passent par une période de lutte avant d'arriver à la victoire dans les plus hautes catégories des réalisations humaines, nous aurions honte de confesser la peur d'une expérience aussi anodine que celle d'une chirurgie dentaire, ou même une intervention majeure.

11

Le système de comptabilité de la nature : Le neuvième miracle de la vie

L'équilibre universel de la nature est un autre moyen par lequel cette dernière maintient un équilibre parfait en tout ce qui existe, par exemple : (1) le temps ; (2) l'espace ; (3) l'énergie ; (4) la matière ; et (5) l'intelligence ; équilibre par lequel ces facteurs sont façonnés en quelque forme spécialisée que l'homme connaît.

Par l'application de cette loi, la nature voit à ce que chaque individu goûte aux deux genres d'expériences de la vie, les mauvaises et les bonnes, mais elle a sagement et astucieusement introduit dans cette loi une action compensatoire qui aide l'individu à équilibrer le mauvais et le bon selon ses propres besoins et désirs.

Cette disposition était nécessaire parce que le plan d'ensemble du Créateur garantit que l'homme aura un contrôle incontesté et incontestable sur son esprit, avec le privilège de s'en servir à des fins mauvaises ou bonnes.

Par l'application de ce mécanisme compensatoire, qui fait partie de la grande loi de l'équilibre universel, chaque revers, chaque échec, chaque déception, chaque frustration, quelles qu'en soient la cause et la nature, recèle en soi le germe d'un bénéfice équivalent. Ce fait ne sera jamais suffisamment souligné, d'où sa répétition.

Selon les dispositions de ce mécanisme compensatoire, toute personne a le droit et le pouvoir de découvrir le germe d'un bénéfice équivalent au sein de chaque expérience indésirable ou désagréable

Elle a le droit et le pouvoir de faire pousser ce germe en une fleur épanouie pour ensuite recueillir le fruit mûr d'une chose désirable qui compensera le revers qui a donné naissance au germe.

Nous avons ici la preuve de la Justice Infinie qui lie l'individu à lui-même en même temps qu'elle le lie à ses semblables. La nature a façonné l'ensemble des lois de l'univers d'une façon telle qu'il est impossible à ceux qui ont appris à interpréter ces lois, et à en vivre de souffrir d'injustice. L'injustice est une invention purement humaine, qui n'existe nulle part ailleurs que dans les rapports que l'homme entretient avec ses semblables.

Il ne peut y avoir d'injustice dans les relations de l'homme avec les lois naturelles de l'univers, parce que ces dernières ont ingénieusement pourvu l'homme d'une méthode par laquelle *celui-ci se punit automatiquement de ses méfaits, et se récompense pour ses vertus* en interprétant correctement les lois de la nature et en s'y adaptant harmonieusement.

Deux genres de circonstances peuvent affecter la vie des gens : (1) les circonstances dont l'origine ne résulte pas de ce que fait ou néglige de faire l'individu et qui, par conséquent, ne sont pas sujettes à son contrôle ; par exemple, la mort d'un être cher, une malformation congénitale qui ne peut être corrigée, ou le fait de naître au sein d'une minorité défavorisée; (2) les circonstances sur lesquelles l'individu a le privilège et le pouvoir d'exercer son contrôle, comme la peur, la cupidité, la jalousie, la vanité, l'égoïsme, la luxure, la haine, la maladie, la pauvreté, les dissensions entre parents, voisins ou associés, les divergences d'opinions politiques ou religieuses; toute personne a la possibilité de contrôler ces circonstances, *même si l'on ne se prévaut que rarement de ce privilège.*

Un individu peut s'assurer que les circonstances du premier groupe, qui ne sont pas sujettes à son contrôle, ne l'influencent pas, simplement en se prévalant de la prérogative qu'il a de décider de son attitude et de contrôler celle-ci, et aussi de diriger sa pensée en vue de parvenir à ses fins, y compris d'avoir le contrôle absolu de ses réactions face aux expériences de la vie.

Certes, c'est là une tâche difficile, mais des moyens de la faciliter vous seront divulgués plus loin au cours de notre voyage à travers la vallée des miracles.

Quant aux circonstances du second groupe, celles qui sont sujettes à notre contrôle immédiat, nous pouvons les surmonter à l'aide du plus important et du plus puissant de tous les grands miracles.

La loi de l'équilibre universel s'étend non seulement aux êtres humains dans tous leurs problèmes, et dans leurs relations les uns avec les autres, mais aussi aux arbres et à toutes les choses qui poussent dans le sol. Observez, par exemple, la parfaite conception et l'équilibre symétrique d'un arbre avec ses branches étalées pour le maintenir en bon équilibre; ses racines sont en proportion avec le tronc et les branches, et plongent dans le sol à une profondeur adéquate. C'est un travail d'ingénierie qu'aucun homme ne peut imiter.

L'équilibre universel s'étend aussi à toute la matière inanimée, jusqu'aux plus petites unités de matière : Les électrons et les protons de l'atome qui sont tenus en équilibre parfait par deux unités d'égale puissance, l'une négative et l'autre positive, en une sorte de lutte à la corde où l'une tire et l'autre pousse jusqu'à ce qu'elles trouvent l'équilibre parfait.

Dans cette portion de *notre univers* que nous avons été capables d'explorer, nous trouvons un système parfait d'équilibre entre toutes les étoiles, les planètes et les matières nébuleuses, qui ne sont encore ni planètes ni étoiles. Si cette loi de l'équilibre n'existait pas, il n'y aurait que le chaos où s'entrechoqueraient étoiles et planètes, et il nous serait impossible de prédire le passage des saisons, ou même le lever du jour.

Peu d'entre nous sont intéressés par l'équilibre des astres, mais nous avons par contre intérêt à découvrir les méthodes par lesquelles nous pouvons pleinement profiter de la grande loi de l'équilibre universel pour adapter les circonstances qui nous affectent, de façon à en retirer des bénéfices. La meilleure façon de nous assurer des bienfaits de cette grande loi est d'abord de prendre possession de la puissance de notre pensée, et de l'utiliser pour nous lier aux circonstances que nous pouvons contrôler d'une façon favorable ; et, ensuite, d'utiliser cette même puissance pour nous adapter d'une manière avantageuse à toutes les circonstances qui affectent notre vie, mais que nous ne pouvons pas contrôler.

De cette brève analyse de la loi de l'équilibre, nous sommes encouragés en réalisant que cette loi maintient toute chose à travers l'univers selon le plan établi de la nature, sauf l'homme, la seule créature vivante qui a le pouvoir d'enfreindre cette loi naturelle comme à toutes les autres, si et quand il choisit de le faire, et veut en payer le prix.

Si vous cherchez le secret suprême de la réussite dans toutes les entreprises humaines, voilà un point approprié sur lequel vous arrêter, réfléchir, méditer et penser, avec l'espoir que la petite voix tranquille qui parle à l'intérieur puisse vous récompenser en vous donnant les connaissances que vous recherchez.

12

Le temps, remède universel de la nature : Le dixième miracle de la vie

Le TEMPS est le grand médecin universel des maux humains, dont le principal agent est l'éther, l'énergie qui relie toutes les choses entre elles dans l'univers. Le TEMPS est le grand guérisseur des plaies physiques comme des plaies morales, et c'est le transformateur de toutes les *causes* en leurs *effets appropriés.*

Le TEMPS transforme la jeunesse irrationnelle en maturité de l'âge et en sagesse !

Le TEMPS transforme les blessures du cœur et les frustrations de la vie quotidienne en courage, en endurance et en compréhension. Sans ce service bénéfique, la plupart des gens seraient perdus dès les premiers jours de leur jeunesse.

Le TEMPS fait mûrir le grain dans les champs et le fruit dans l'arbre ; il le fait pour le plaisir de l'homme et pour sa subsistance.

Le TEMPS donne aux fortes têtes une chance de se calmer et de devenir plus raisonnables.

Le TEMPS nous aide à découvrir les grandes lois de la nature par la méthode de l'essai et de l'erreur, et il nous aide à profiter de nos erreurs de jugement.

Le TEMPS est notre avoir le plus précieux, parce que nous ne pouvons compter sur plus d'une seconde de lui à un moment ou à un endroit donné.

Le TEMPS est l'intermédiaire de la miséricorde par lequel nous pouvons nous repentir de nos péchés et de nos erreurs, puis en retirer une connaissance utile.

Le TEMPS favorise ceux qui interprètent correctement les lois de la nature et qui s'en servent comme repères pour corriger leurs habitudes de vie, mais le TEMPS frappe de lourdes pénalités ceux qui ignorent ou négligent ces lois.

Le TEMPS est le maître manipulateur de la loi universelle de la force incommensurable de l'habitude, le fixatif de toutes les habitudes, celles des créatures vivantes et des choses inanimées. Le TEMPS est aussi le maître manipulateur de la loi moins importante de la compensation, dont l'action permet à chacun de récolter ce qu'il sème. L'application positive de cette loi est appelée la loi des rendements croissants; son application négative est appelée la loi des rendements décroissants.

Le TEMPS ne fait pas toujours agir rapidement la loi de la compensation, mais il la fait agir d'une façon précise, selon les habitudes fixes et les modèles que le philosophe comprend, et par lesquels il peut prédire la nature d'événements à venir, en examinant la *cause* qui leur donnera naissance.

Le TEMPS est aussi le maître manipulateur de la grande loi du changement qui maintient tout individu et toute chose dans un état de changement continuel, ne leur permettant jamais de rester les mêmes pendant deux minutes de suite.

Cette vérité est chargée de bénéfices incommensurables parce qu'elle fournit les moyens par lesquels nous pouvons corriger nos erreurs, éliminer nos peurs et nos habitudes de faiblesse, et troquer l'ignorance contre la sagesse et la tranquillité d'esprit quand nous vieillissons.

Rappelez-vous vos expériences passées, et comptez les occasions où votre cœur troublé ne trouva de sursis à ses maux que par l'intermédiaire de la main miséricordieuse du docteur Temps.

Si vous avez échoué en affaires ou dans quelque entreprise qui concerne votre idéal de vie, vous avez peut-être remarqué que le TEMPS est alors venu à votre secours en vous offrant d'autres occasions plus intéressantes peut-être ; et vous vous êtes réjoui d'avoir été détourné de votre but, et d'avoir été orienté vers une voie plus importante et d'accès plus facile.

Si jamais vous réalisez que vous êtes en train de perdre ne serait-ce qu'une seule seconde de ce précieux intermédiaire qu'est le TEMPS, copiez les conseils suivants, apprenez-les par cœur, et commencez immédiatement à les mener à bonne fin.

Mon engagement envers le docteur Temps

1. Le temps est mon plus grand capital, et je suis lié à lui par un horaire qui stipule que chaque seconde non dévolue au sommeil sera utilisée à m'améliorer.

2. À l'avenir, je considérerai la perte, causée par négligence, de toute partie de mon temps comme étant un péché que je devrai expier, par une meilleure utilisation du temps égal à celui que j'ai perdu.

3. Reconnaissant que je récolterai ce que j'ai semé, je sèmerai les seuls grains de service qui pourront

bénéficier tant à autrui qu'à moi-même, et qui de ce fait me mettront sur la route de la grande loi de la compensation.

4. À l'avenir, j'utiliserai mon temps de façon à ce que chaque jour m'apporte une certaine tranquillité d'esprit, en l'absence de laquelle je reconnaîtrai que le grain que j'ai semé a besoin d'être réexaminé.

5. Sachant que mes habitudes de pensée deviennent les modèles qui attirent toutes les circonstances affectant ma vie dans le cours du TEMPS, je garderai mon esprit tellement absorbé par les circonstances *que je désire,* qu'il ne me restera pas de temps pour la peur, les frustrations et les autres choses que *je ne désire pas.*

6. Reconnaissant que, au mieux, le temps qui m'est accordé sur le plan terrestre est indéterminé et limité, je vais m'appliquer de toutes les façons possibles à l'utiliser pour que ceux qui me sont proches en bénéficient par mon influence, et soient inspirés par mon exemple pour faire le meilleur usage possible de leur temps.

7. Finalement, quand j'aurai fait mon temps ici-bas, j'espère pouvoir laisser derrière moi un monument à mon nom; non un monument de pierre, mais dans le cœur de mes semblables, un monument dont l'épitaphe témoignera de l'amélioration qu'a laissée mon passage dans le monde.

8. Je répéterai cet engagement quotidiennement pour le reste de ma vie, et je le soutiendrai de ma foi, afin qu'il améliore mon caractère, et qu'il incite ceux que je peux influencer à améliorer leur vie à leur tour.

Les aiguilles de l'horloge du temps avancent rapidement ! Pourquoi crier : « Recule, retourne en arrière, ô temps, suspends ton vol » ? Le temps ne tient pas compte de vos cris.

Il est plus tard que vous ne le pensez !

Réveillez-vous, compagnon voyageur ; réveillez-vous et prenez possession de votre esprit alors qu'il vous reste assez de temps pour devenir, dans le temps qu'il vous reste, ce que vous auriez aimé être dans le passé.

Profitez le plus possible du temps présent, en espérant que vous n'aurez pas à vous réincarner pour refaire tout ce travail à cause de votre négligence.

Vous avez été averti.

Maintenant, c'est votre responsabilité. Il y a un test simple qui vous permet de juger si vous avez utilisé votre temps à votre avantage : si vous possédez la tranquillité d'esprit et une richesse matérielle suffisante pour subvenir à vos besoins, votre temps a été utilisé correctement ; si, au contraire, vous n'avez pas cette chance, votre temps a été mal utilisé, et vous devriez commencer à examiner les circonstances qui vous ont mené à l'échec.

Les vrais grands ne savent pas ce qu'est l'oisiveté, parce qu'ils conforment leur esprit aux modèles de la pensée constructive. Par ce sage emploi de leur temps, ils développent un sixième sens, toujours en alerte, par lequel ils regardent, écoutent et voient de l'intérieur.

Si des pensées négatives s'immiscent dans l'esprit de ceux et celles qui sont vraiment grands, ces pensées négatives sont immédiatement transformées en pensées positives, et mises en application par une action concrète positive appropriée à leur nature.

Tic-tac, tic-tac… le pendule du Temps oscille rapidement !

Le visage de la civilisation est en train de changer.

Le Bien et le Mal se livrent une lutte mortelle pour la suprématie. Le temps est venu que chacun s'installe et fasse ses comptes. L'emploi que chacun fait du temps qui lui est imparti dira de quel côté il se rangera : celui du Bien ou du Mal.

Quelque chose a fait avancer l'horloge du temps si rapidement, que la dernière moitié du 20e siècle a révélé à l'humanité plus de possibilités pour l'amélioration de chacun que depuis le début de l'humanité.

Il n'en tient qu'à la relation que vous entretenez avec le temps de vous saisir de votre part, de ces vastes possibilités, et de les utiliser à bon escient !

13

La vie à l'américaine donne la liberté : Le onzième miracle de la vie

La liberté de la vie à l'américaine est l'un des grands miracles de tous les temps. Ici, aux États-Unis, le décor a été monté et la voie a été préparée pour que l'homme prenne pleine possession de son esprit, et s'en serve pour parvenir à ses fins.

Notre mode de vie à l'américaine est né des larmes de sang, et il est arrivé à maturité dans les épreuves et dans la lutte qui ont affecté la vie de chaque citoyen. Tout ceci démontre que notre mode de vie s'harmonise, dans chacune de ses caractéristiques, avec le plan du Créateur pour permettre à tous de se libérer grâce à leur esprit.

La preuve que notre pays en est un aux innombrables possibilités, où chacun peut choisir son but dans la vie et l'atteindre en faisant travailler son esprit, est écrasante. Où sur terre, ailleurs qu'en Amérique, se pourrait-il qu'un immigrant italien sans instruction, comme A. B. Giannina, entreprenne sa carrière en poussant une charrette de bananes, et redouble d'efforts jusqu'à devenir le propriétaire du plus grand système bancaire américain, la Banque d'Amérique ?

Où, ailleurs qu'en Amérique, un jeune mécanicien sans instruction pourrait-il donner naissance à une industrie comme celle de l'automobile et, sans capital de départ, transformer ses humbles débuts en un empire mondial avec une fortune fabuleuse, permettant par la même occasion à des centaines de milliers de gens de gagner leur vie, comme le fit Henry Ford ?

Et où, si ce n'est aux États-Unis, le plus humble travailleur peut-il jouir de tout le confort moderne que même les rois et les potentats d'il y a quelques générations ne connaissaient pas ?

Où donc, ailleurs qu'aux États-Unis, un citoyen a-t-il suffisamment de motifs pour se bonifier, pour le pousser à agir de sa propre initiative, à choisir sa carrière, à avoir droit de penser à ce qu'il veut et à l'exprimer de la façon qu'il le désire ?

Où donc, ailleurs qu'aux États-Unis, chaque personne née au pays peut-elle avoir la possibilité d'accéder à la plus haute fonction que le peuple puisse offrir, et où, dans le monde, cette fonction a-t-elle été tenue avec succès par un homme aux modestes origines ?

Où, dans le monde, tout individu de toute race ou de toute croyance peut-il marcher dignement sur terre et dire : « Je suis libre », si ce n'est aux États-Unis ? Où donc se peut-il qu'un garçon sans instruction choisisse de devenir inventeur, s'entoure de plusieurs techniciens spécialisés et devienne l'un des plus grands inventeurs de tous les temps, comme le fit Thomas A. Edison, si ce n'est en Amérique ?

Je vous pose ces questions à vous qui jouissez des largesses du mode de vie à l'américaine, avec l'espoir que vous, qui lisez ce volume, allez pouvoir y répondre, selon les bienfaits que ce pays peut vous avoir apportés. Et en cherchant les réponses dans votre cœur et dans votre esprit, apprenez à mieux apprécier les possibilités qui sont à votre disposition dans quelque domaine que ce soit.

Avant de terminer cette analyse du mode de vie à l'américaine, souvenez-vous que cet héritage ne demeurera nôtre qu'à la condition que nous le reconnaissions, que nous l'utilisions correctement et que nous le protégions. Comme tous les autres bienfaits accordés à l'homme par Dame Nature, notre droit aux privilèges dont nous jouissons en Amérique nous restera aussi longtemps que nous le mériterons. La nature voit d'un mauvais œil l'idée d'obtenir quelque chose pour rien.

14

La sagesse d'accepter la mort : Le douzième miracle de la vie

Le mystère de la mort : Il peut être difficile pour la plupart des gens de voir la mort autrement que comme une tragédie inévitable, mais cette vue limitée du sujet peut être élargie en tenant compte du plan d'ensemble de l'univers, qui change continuellement.

L'homme naît à son insu et sans son consentement ; il demeure dans la grande école de la vie un petit moment, et passe ensuite à un autre plan de l'intelligence, toujours sans son consentement. Le Créateur n'a pas prévu que l'homme vivrait sur terre pour toujours, et ce serait une tragédie si c'était une partie du plan d'ensemble.

Peut-on penser à quelque chose de plus effrayant que d'être obligé de rester à jamais sur cette terre de lutte, où la vie elle-même dépend d'une éternelle vigilance de la part de l'individu ?

La durée de la vie ressemble au système scolaire moderne. Nous entrons dans la période de la maternelle, nous passons ensuite à l'école primaire, puis à l'école secondaire et de là, nous passons à la dernière étape par l'entrée à l'université. Le principal objectif du bref passage de l'homme sur terre semble être l'éducation.

Si la mort n'avait pas existé, pensez aux hommes malveillants que le monde a connus, des hommes qui vivraient encore, rendant la vie misérable à chacun, les soi-disant conquérants, et les dictateurs qui ont essayé depuis l'aurore de la civilisation de réduire l'humanité à l'esclavage.

La mort n'est qu'une forme prolongée du sommeil durant laquelle l'individu se dépouille de son corps physique usé, fatigué, pour en prendre un autre qui est infini et éternel. Par conséquent, c'est une circonstance sur laquelle l'individu n'a aucun contrôle final, et elle devrait être acceptée comme telle, puis chassée de l'esprit.

Comprenez la loi du changement, qui fait partie du système universel, et la mort devient compréhensible et une nécessité facilement acceptable. Il ne pourrait pas coexister dans l'univers une loi du changement perpétuel, et une vie éternelle sur le plan terrestre.

L'individu peut craindre la mort, redouter de la rencontrer, et la voir comme un drame, mais il n'est heureusement qu'un pion dans le plan d'ensemble de l'univers, et comme tel, ses désirs et les moyens de les satisfaire sont confinés à ce bref intervalle qu'est sa vie, avec carte blanche pour vivre celle-ci comme il l'entend.

L'attitude du philosophe vis-à-vis de la mort semble être la plus sensée. Il l'accepte comme une circonstance sur laquelle il n'a qu'un contrôle infime et limité ; par conséquent, il s'adapte à elle dans un esprit neutre de croyance qui lui permettra d'être prêt lorsqu'elle viendra. Il abandonne alors le sujet et il concentre toute son énergie pour que sa vie lui donne tous les avantages possibles, *relativement aux circonstances sur lesquelles il peut exercer son contrôle.*

Le philosophe voit ceux qui ont peur de la mort comme des offenseurs du Créateur. Il accepte chaque circonstance qui touche sa vie comme du blé à apporter au moulin de sa vie, et il s'adapte promptement à toutes ces circonstances afin de pouvoir en bénéficier au mieux.

Certains des grands miracles constituent les principaux obstacles qui barrent le chemin à la tranquillité d'esprit de la majorité des gens. Le but de cette analyse des miracles de la vie est d'aider l'individu à développer une façon de penser qui transformera les choses redoutées en circonstances qui pourront servir ses intérêts.

Dans cette analyse des grands miracles, « l'oiseau du souci » (que la plupart des gens nourrissent inutilement) s'est vu retirer la nourriture dont il a besoin pour vivre, et la voie a été dégagée pour la tranquillité d'esprit, basée sur l'acceptation de toutes les circonstances de la vie, simplement comme elles sont.

Mon plus grand espoir est que vous soyez prêt, en terminant la lecture du présent chapitre, à interpréter correctement, et à appliquer les principes mis en valeur dans le dernier chapitre. Ils sont destinés à vous aider à vous associer aux miracles d'une façon qui vous apportera les plus grands bienfaits.

En répondant à cet espoir, vous aurez alors trouvé la tranquillité d'esprit, et elle durera toute votre vie.

Les énoncés faits dans cette analyse ne sont pas importants, mais *la réflexion qu'ils peuvent vous avoir inspirée est importante!* Car il se peut que cette réflexion puisse changer votre attitude envers la vie, et qu'elle la rende plus douce à mesure que les années à vivre deviennent moins nombreuses.

15

Le pouvoir illimité de l'esprit : Le treizième miracle de la vie

L'esprit de l'homme serait en tête de tous les autres miracles de la vie, si ces derniers avaient été décrits par ordre d'importance, car l'esprit est l'instrument par lequel l'homme se relie à toutes les choses, et à toutes les circonstances qui affectent sa vie ou influent sur elle.

Sans doute l'esprit humain est-il la chose la plus mystérieuse, la plus impressionnante que la nature ait produite et, en même temps, il est le moins compris, et le don du Créateur dont on abuse le plus souvent.

L'esprit est la citadelle de l'âme, où se trouve le lien qui relie la pensée consciente de l'homme à l'Intelligence Infinie. C'est le tableau de bord, pourrait-on dire, par lequel l'homme peut se mettre à l'écoute et communiquer directement avec le grand réservoir universel de l'Intelligence Infinie, pour en tirer les réponses à tous ses problèmes, et connaître la manière de réaliser tous ses espoirs, tous ses rêves et toutes ses aspirations.

Et plus encore, *l'esprit est la seule et unique chose sur laquelle le Créateur a donné à l'homme le droit total de contrôle; un privilège que même le Créateur n'a pas gardé en réserve, transposé, ou retenu, ce qui prouve que l'esprit est destiné à l'usage exclusif de l'homme, que c'est le* plus important de tous les bienfaits du Créateur, et le moyen par lequel l'homme peut contrôler la majeure partie de sa destinée sur cette terre.

Toutes les réussites de l'homme, tous ses échecs, toutes ses frustrations résultent directement de la manière dont il utilise son esprit, ou *néglige de l'utiliser.*

Les fonctions de l'esprit sont divisées en neuf rayons, comme si c'était un commerce bien organisé. Certains de ces rayons fonctionnent automatiquement, sans directives, alors que les autres rayons *sont toujours sous la supervision de l'individu.*

Voici une analyse détaillée de tous les rayons de l'esprit :

(a) LA VOLONTÉ : la volonté est le grand patron de tous les autres rayons de l'esprit. Elle est le point de départ à partir duquel l'individu aborde sa grande prérogative, le privilège du *contrôle exclusif de ses pensées.* La volonté est le oui ou le non de l'esprit de l'homme. Elle exécute ses ordres sans égard à leur nature, ou à l'effet qu'ils peuvent avoir sur lui. La puissance de la volonté est directement proportionnelle à la façon dont on s'en sert. Une volonté oisive, tout comme un bras dont on ne se sert pas, deviendra molle et faible.

(b) LE RAISONNEMENT : la faculté de raisonner est le président du tribunal de l'esprit. Quand on le lui demande ou qu'on lui permet de le faire, elle pose un jugement sur tous les objectifs, les idées, les désirs, les buts et les circonstances que l'individu lui soumet, mais ses décisions peuvent être ignorées par le grand patron, la volonté, ou compensées par l'influence des émotions, si la volonté ne s'affirme pas.

L'une des grandes faiblesses de la soi-disant pensée est la tendance qu'ont les individus à permettre à leur volonté d'être mise de côté par leurs émotions. Cette erreur peut être, et est souvent tragique, parce que les émotions n'ont aucune relation avec la logique ou la raison et, par conséquent, toute action découlant des émotions devrait recevoir une attention soigneuse de la part de la volonté.

(c) LES ÉMOTIONS : voici le point de départ d'une grande partie de toutes les actions de l'esprit. Les gens prennent des décisions qui s'harmonisent avec leurs sentiments, et s'engagent dans des activités qui n'ont pas été prévues par la raison et la volonté. De telles décisions sont le plus souvent hasardeuses.

La façon la plus irréfléchie d'utiliser ses émotions, sans l'attention soigneuse de la raison et de la volonté, débute souvent dans l'amour. L'amour est une qualité spirituelle de tout premier ordre, mais il peut être et est souvent le plus dangereux de tous les sentiments parce que, souvent, les gens ne le soumettent pas à la raison et à la volonté.

Ceux qui pensent avec justesse, ceux qui utilisent tous les rayons de leur esprit dans le processus de la pensée, ne permettent jamais au sentiment de l'amour de s'exprimer, tant que ses actions n'ont pas été examinées par la raison et la volonté. Bien plus, celui qui pense avec justesse soumet ses désirs les plus profonds, ses plans et ses buts à sa raison et à sa volonté, *pour s'assurer que son impatience et son enthousiasme ne vont pas* bouleverser sa sagesse ; et son sentiment d'amour est toujours soumis à sa surveillance, de peur qu'il n'échappe à son contrôle.

(d) L'IMAGINATION : cette faculté est l'architecte de l'âme de l'homme. C'est elle qui lui permet de modeler sa destinée pour qu'elle lui convienne, et de changer ou de modifier sa façon de vivre aussi souvent que ça lui plaît. À l'aide de son imagination, l'homme peut pénétrer les espaces interstellaires de l'infini à la vitesse de l'éclair, conquérir les mers, et créer un million d'idées et de concepts, en combinant simplement les vieilles idées et les vieux concepts.

Par son imagination, l'homme peut combiner la fantaisie au réalisme pour en faire des empires industriels qui vont révolutionner la civilisation. Rien n'est impossible à accomplir avec l'imagination qui est guidée par la volonté et la raison, mais *une imagination déchaînée peut ravager la vie* d'un individu; et l'on a dit que lorsque l'amour et l'imagination se réunissent et sortent sans chaperon, l'individu peut ne jamais se remettre des dommages qu'ils font.

C'est l'imagination qui est à l'origine de l'hypocondrie, qui s'est révélée être un problème majeur pour les médecins. Elle peut aussi être à l'origine de la guérison de l'hypocondrie, et nombre d'autorités compétentes prétendent que l'imagination exerce une influence tellement puissante sur le corps qu'elle peut activer son mécanisme de résistance, et éliminer aussi plusieurs types d'indispositions physiques réelles.

L'imagination est une grande institution dont *les possibilités sont pratiquement illimitées, mais c'est une institution très délicate qui demande la surveillance constante de la raison et de la volonté.* Vous pourriez relire la phrase précédente à plusieurs reprises, jusqu'à ce que vous soyez imprégné de la force de suggestion qu'elle contient.

(e) LA CONSCIENCE : celle-ci est le rayon de l'esprit qui fournit des conseils d'ordre moral à l'individu. Si on lui permet de fonctionner sans ingérence, la conscience examine soigneusement tous les projets et les buts de l'individu, et l'avertit quand ils ne s'harmonisent pas avec les lois morales de la nature. Si l'individu néglige de tenir compte de ses avertissements, la conscience cesse d'abord de lui en servir et éventuellement, ferme son rayon à tout jamais.

L'individu qui a le soutien entier de sa conscience en ce qui a trait à tous ses désirs, ses objectifs et ses projets, peut accéder directement à la foi qui lui permettra d'accomplir tout ce que son cœur et son esprit peuvent vouloir.

(f) LES CINQ SENS : les cinq sens – la vue, l'ouïe, le goût, l'odorat, le toucher – sont les « membres » physiques du cerveau, grâce auxquels ce dernier contacte le monde extérieur pour obtenir de l'information. Les sens ne sont pas toujours sûrs et ils exigent par conséquent une surveillance constante de la part de la raison et de la volonté.

Sous l'influence de n'importe quelle activité hautement émotionnelle, les sens deviennent souvent confus et on ne peut s'y fier, comme dans le cas d'une frayeur soudaine ou d'une colère intense. On ne devrait prendre aucune décision sous l'influence de la peur ou de la colère, à moins que cette décision n'ait d'abord été examinée par la volonté et par la raison.

(g) LA MÉMOIRE : voici les classeurs du cerveau où sont emmagasinées toutes les impulsions de la pensée, toutes les expériences conscientes et toutes les sensations qui atteignent le cerveau par le biais des cinq sens. La mémoire est très peu sûre, comme la plupart des individus peuvent en témoigner. Par conséquent, elle a besoin de surveillance et de discipline que lui dispensent la volonté et la raison. La principale cause de la faillibilité de la mémoire est attribuable au fait que le « documentaliste », l'individu qui supervise l'action de la mémoire, ne procède tout simplement pas de façon systématique.

La mémoire peut devenir raisonnablement fiable à l'aide d'un cours pratique de formation de la mémoire comme le système Roth. L'infaillibilité de la mémoire est entièrement une affaire de discipline, de surveillance et d'éducation du «documentaliste» qui est responsable de cette importante faculté de l'esprit.

(h) LE SIXIÈME SENS : c'est la station émettrice et réceptrice de l'esprit par laquelle on envoie ou on reçoit automatiquement des vibrations de la pensée, et peut-être des vibrations encore plus élevées qui émanent de plans d'intelligence qui proviennent d'au-delà de notre planète. C'est le moyen de communication entre l'individu et les guides invisibles qu'on suppose prêts à nous servir.

Le sixième sens est le médium par lequel un esprit adéquatement qualifié peut communiquer avec d'autres esprits, à n'importe quelle distance, grâce au principe de la télépathie. Ce principe a été reconnu par des autorités compétentes, et les moyens par lesquels il peut être mis en œuvre ont été décrits en détail dans plusieurs livres, y compris dans certains des miens.

(i) LE SUBCONSCIENT : c'est le « standard » par lequel la partie consciente de l'esprit peut communiquer directement avec l'Intelligence Infinie. Le subconscient agit sur toute idée, tout plan ou but qui l'atteint, et il n'essaie pas de faire la différence entre les influences positives ou négatives, bonnes ou mauvaises. Mais il répond plus rapidement et efficacement aux influences qui ont été hautement sensibilisées par des sentiments comme la peur, la colère, la *confiance* et la *foi.*

La partie subconsciente de l'esprit répond toujours aux influences de la partie consciente, qui ferme souvent obstinément la porte au subconscient par les peurs, les restrictions et les fausses idées. De façon à contourner ces barrières négatives élevées par la partie consciente de l'esprit, et pour donner des directives au subconscient afin de guérir les maux physiques, les thérapeutes de la suggestion attendent souvent que l'individu soit endormi (parfois par l'hypnotisme) pour communiquer directement avec le subconscient.

Comme on l'a mentionné plus haut, il existe une machine grâce à laquelle n'importe quel ordre peut être donné au subconscient quand l'individu est endormi. Les ordres ou les instructions sont enregistrés et placés sur l'appareil qui les répète toutes les 15 minutes (jusqu'à ce que l'individu s'éveille et arrête la machine).

Celle-ci est mise en marche au moyen d'une minuterie qui peut être réglée pour passer l'enregistrement après que l'individu soit endormi.

Dans ce livre, les références aux rayons de l'esprit sont brèves, et elles ne prétendent pas être des analyses exhaustives de ces sujets, mais seulement une vue à vol d'oiseau du mécanisme de fonctionnement de l'esprit humain, avec une brève description de l'étendue du contrôle que peut exercer l'individu sur les rayons de son esprit.

Il faudrait souligner que toute pensée, qu'elle soit négative ou positive, valable ou non, tend à se manifester en son équivalent physique, et elle commence à le faire en incitant l'individu à des idées, des plans et des objectifs pour parvenir à ses fins par des moyens naturels et logiques. Après que la pensée sur n'importe quel sujet soit devenue une habitude, par la répétition, elle est prise en charge et automatiquement mise en action par le subconscient.

Il n'est peut-être pas vrai que «les pensées sont des choses», mais il est vrai que les pensées créent des choses, et que les choses ainsi créées sont remarquablement semblables à la nature des pensées à partir desquelles elles ont été modelées.

Nombre de gens, qui peuvent juger en connaissance de cause, croient que chaque pensée qu'on libère déclenche une vibration sans fin avec laquelle l'individu devra composer plus tard, cet individu n'étant lui-même que le reflet physique de la pensée mise en action par l'Intelligence Infinie. Beaucoup croient aussi que l'énergie avec laquelle les gens pensent n'est qu'une portion projetée de l'Intelligence Infinie que l'individu s'approprie à l'aide du cerveau.

Nous avons maintenant atteint le point où nous allons entreprendre d'expliquer des moyens par lesquels l'esprit peut être conditionné pour la chirurgie dentaire, les interventions chirurgicales majeures, ou toute autre expérience désagréable à laquelle on peut avoir à faire face.

Le conditionnement de l'esprit doit être fait entièrement par la partie subconsciente de ce dernier. Par conséquent, voyons de plus près les moyens par lesquels le subconscient peut être atteint et dirigé à volonté vers n'importe quelle fin.

Vous ne pouvez contrôler entièrement votre subconscient, mais vous pouvez volontairement le pousser à prendre toutes mesures utiles pour réaliser n'importe quels désirs, plans ou objectifs que vous voudriez voir se concrétiser.

Le subconscient est toujours occupé. Si vous négligez de le garder absorbé par des désirs de votre choix, il se nourrira de pensées inspirées par votre environnement, spécialement par celles qui sont associées aux choses que vous ne voulez pas, les choses que vous craignez ou n'aimez pas.

Que vous le reconnaissiez ou non, vous vivez quotidiennement au milieu de toutes sortes d'impulsions de la pensée qui atteignent votre subconscient sans que vous ne vous en rendiez compte. Certaines de ces impulsions sont négatives, d'autres positives. Vous allez maintenant apprendre à couper le flot des influences négatives qui vous atteignent et influent sur vous, et le moyen par lequel ces influences, incluant toutes les peurs, peuvent être remplacées par des désirs, des projets et des buts *de votre choix*, en particulier par le moyen de maîtriser la douleur physique.

Quand vous aurez maîtrisé la technique, et que vous aurez appris à l'appliquer, vous posséderez la clé qui ouvre la porte de votre subconscient, et *vous contrôlerez cette porte si parfaitement qu'aucune pensée ou influence indésirable ne pourra y entrer.*

Avant de décrire la façon d'aborder le subconscient, vous devriez savoir qu'il y a deux portes qui mènent à celui-ci. L'une des portes donne sur l'extérieur, sur le monde physique dans lequel vous vivez. *L'autre porte donne sur l'intérieur et vous relie directement au grand réservoir universel de l'Intelligence Infinie.*

C'est par ces deux portes que la prière agit.

C'est par ces deux portes que les espoirs, les désirs et les plans peuvent être accomplis, grâce à un idéal précis et au désir ardent de réaliser ce dernier.

C'est par ces deux portes que toutes les peurs, tous les doutes se traduisent en malheurs dans la vie *si l'on permet à l'esprit conscient de s'arrêter à ces conditions indésirables.* Chaque pensée que l'on envoie au subconscient, chaque pensée qui l'atteint parce qu'on néglige de faire un choix, et de rejeter les pensées négatives inspirées par notre environnement, est automatiquement acceptée par le subconscient qui agit alors en conséquence.

L'une des plus grandes inconséquences de l'humanité est que la majorité des gens passent leur vie à avoir l'esprit complètement absorbé par toutes les choses et les circonstances *qu'ils ne veulent pas* – pauvreté, échec, maladie, chagrin et douleur physique – et ils se demandent alors pourquoi ils sont affligés de tous ces malheurs.

L'esprit nous attire l'équivalent physique de nos pensées dominantes. Mais souvenez-vous que le Créateur a accordé à chaque personne normale le droit indiscutable de contrôler et de diriger son esprit vers toute fin choisie. Vous n'aurez aucune difficulté à reconnaître que *toutes les circonstances indésirables résultent de la négligence à prendre possession de son esprit, et à le guider vers toute fin désirée.*

L'hypocondrie

L'hypocondrie est un mal physique *imaginaire!* Le moins que l'on puisse dire est que cette maladie donne aux médecins et aux dentistes plus de problèmes que toutes les maladies connues. La peur de la maladie et son premier valet, la peur de la douleur physique, sont des états d'esprit innés et font partie des sept peurs fondamentales dont nous souffrons tous un jour.

Dans mes conférences, il y a quelques années, j'ai pu démontrer de façon spectaculaire la nature de cette peur innée de la maladie et de la douleur physique, et j'ai pu prouver que des gens en parfaite santé peuvent tomber malades, par simple suggestion.

La technique était fort simple. À l'aide de quatre assistants placés à divers endroits à l'intérieur et à l'extérieur de l'auditorium où je donnais ma conférence, le plan était mis à exécution. Une « victime » était choisie secrètement parmi l'auditoire par un comité de mes étudiants. À l'entracte, chacun de mes assistants s'approchait à tour de rôle de la victime, et lui tenait les propos suivants.

Le premier demandait : « Vous sentez-vous bien ? Vous avez l'air malade. » Le deuxième accourait et, d'une voix énervée, s'exclamait : « Mon ami, vous avez l'air de quelqu'un sur le point de vous trouver mal ! Voulez-vous un peu d'eau ? » Le troisième ne tardait pas à s'approcher et à lui dire : « Laissez-moi vous aider. Vous avez l'air de quelqu'un qui va perdre connaissance. » Se tournant alors vers les spectateurs, il ajoutait : « Allez, aidez-moi à faire de la place pour que cette personne puisse s'étendre. Elle est malade. »

Si la victime n'avait pas déjà perdu connaissance, elle ne tardait pas à le faire quand le quatrième figurant s'approchait et, lui tenant le bras, disait : « Qu'on fasse venir un médecin immédiatement. Cette personne a besoin de soins. »

J'ai tenté cette expérience à plusieurs reprises et je n'ai jamais manqué de rendre la victime temporairement malade. Un jour, la personne choisie pour l'expérience, un homme dans la trentaine, tomba évanoui, si bien qu'on dut l'hospitaliser. Les médecins le convainquirent finalement qu'il avait été victime d'une blague expérimentale.

Après cette expérience, je n'en tentai plus aucune autre de cette nature.

Convainquez votre subconscient que vous êtes malade, et il se mettra immédiatement à l'œuvre pour amener cette conviction à sa conclusion logique : vous serez réellement malade. L'hypocondrie amène souvent les vrais symptômes physiques d'une maladie, tels que l'apparition d'éruptions, un dérangement d'estomac ou un mal de tête, alors que la cause réelle est la PEUR.

Les prisonniers du pénitencier d'État de l'Ohio jouaient jadis un tour cruel à plusieurs des nouveaux venus à la prison. Un comité de prisonniers accusaient le nouveau venu de quelque infraction « imaginaire » aux règles du milieu carcéral, et le condamnaient à mort. La victime avait alors les yeux bandés, les mains attachées derrière le dos et sa tête était placée sur un billot pendant que plusieurs hommes le maintenaient solidement. Alors, l'un des prisonniers du comité demandait si le couteau avait été bien aiguisé. Un autre lui répondait : « Oui, je l'ai aiguisé moi-même tout de suite après la mort du dernier. Le voilà ! Maintenant, un bon coup bien net pour qu'il ne crie pas. »

Une fois terminée cette partie de la cérémonie, un peigne était passé brutalement en travers du cou de la victime, rapidement suivi d'un flot d'encre rouge. On le libérait alors et chacun courait se cacher. Généralement, la première chose que la victime faisait était de retirer son bandeau, puis de se frotter le cou ; le « sang » sur ses mains lui faisait croire que sa gorge avait été tranchée.

Un jour, l'homme que l'on avait choisi comme victime eut tellement peur qu'il se mit à courir, et à crier qu'on l'avait assassiné. Il dut être capturé et maîtrisé par les gardiens de la prison, après quoi il fut hospitalisé pendant plusieurs jours avant de se remettre du choc, même s'il pouvait très bien voir que sa gorge n'avait pas été coupée.

La peur de la maladie et celle de la douleur physique sont des peurs innées qui remontent à la surface à la moindre provocation. La peur elle-même, toutefois, est toujours pire que la chose que l'on craint. Comme l'a dit Franklin D. Roosevelt, au cours de son premier mandat à la présidence alors que le pays était affligé d'une peur panique : « La seule chose que nous devons craindre, c'est la PEUR elle-même. »

La même vérité peut s'appliquer à la chirurgie dentaire, parce que les techniques modernes ont presque supprimé toute douleur physique du corps du patient excepté une seule, *et c'est dans le cerveau que la peur de la douleur existe. C'est un état d'esprit dans lequel le patient se trouve bien avant qu'il ne s'installe dans le fauteuil du dentiste.*

Comment atteindre et influencer le subconscient

La partie subconsciente de l'esprit reçoit des stimulations de trois sources : Premièrement, de toutes les sources extérieures qui transmettent des influences à l'individu par le biais des cinq sens ; ceci comprend bien sûr les paroles et les actions des autres qui sont portées à son attention.

Deuxièmement, par le sixième sens qui recueille les pensées émises par les autres et les transmet à l'individu par télépathie. Troisièmement, par les pensées de l'individu, à la fois les pensées qu'il envoie délibérément au subconscient sous forme d'objectifs, de projets ou de désirs, et *celles choisies au hasard dans lesquelles il se complaît, sans plan ou sans but particulier.*

Ce sont des pensées choisies au hasard, sans soin, négatives, qui occupent l'esprit de la plupart des gens, et de telles pensées entraînent des circonstances indésirables, parce qu'elles sont recueillies par le subconscient, et mises immédiatement à exécution. Le subconscient ne fait aucune différence entre les pensées positives et les pensées négatives ; il les accepte toutes, dans le but unique de les mener à bonne fin.

Voici donc la raison pour laquelle la plupart des gens se classent parmi les « échecs ». La plupart de leurs pensées sont négatives, et le subconscient mène ces pensées à leur conclusion logique.

Étant donné que le subconscient donne une conclusion logique à toutes les pensées qui lui parviennent, bonnes ou mauvaises, il est tout à fait indiqué de trouver une façon de forcer votre subconscient à vous aider *en lui donnant des ordres déterminés quant à vos désirs.*

Quand on veut donner des ordres au subconscient, il y a des directives qu'on doit suivre à la lettre :

(a) Rédigez un énoncé clair de ce que vous voulez que votre subconscient réalise et établissez une période déterminée pour que l'action se réalise. Mémorisez cet énoncé et répétez-le à haute voix des centaines de fois par jour, *surtout juste avant de vous endormir.*

(b) Quand vous le répétez, CROYEZ qu'il sera réalisé par votre subconscient, *et voyez-vous déjà en possession de ce que vous désirez.* Terminez votre énoncé *en exprimant votre gratitude* pour avoir reçu ce que vous avez demandé.

(c) Avant de le répéter à votre subconscient, mettez-vous dans un état intense d'enthousiasme et de joie en raison de votre croyance dans la réalisation de votre désir. Le subconscient agit presque instantanément sur les pensées qui sont exprimées avec une grande ferveur, qu'elles soient négatives ou positives. Ce dernier énoncé est véritablement significatif. Lisez-le donc encore et pensez-y.

Comment conditionner l'esprit à la chirurgie dentaire

Nous en venons maintenant aux instructions détaillées grâce auxquelles on peut conditionner son esprit à la chirurgie dentaire. En changeant légèrement la formule, on peut faire face à n'importe quelle circonstance désagréable quelle qu'elle soit, telles qu'une intervention chirurgicale majeure, la mort d'un être cher, etc. Voici les directives :

(a) Préparez le corps par trois à sept jours de jeûne qui doit être fait sous la surveillance de votre médecin. Deux jours avant le début du jeûne, ne mangez que des fruits frais, et ne buvez que des jus de fruit ; abstenez-vous aussi de la *cigarette* et du *café*. Vous serez quelque peu nerveux pendant ces deux jours, mais cela ne doit pas vous décourager.

Commencez ensuite votre jeûne et ne buvez que de l'eau additionnée de deux ou trois gouttes de jus citron pour chaque verre d'eau que vous boirez. Buvez toute l'eau que vous désirez – une douzaine de verres ou plus par jour. À la fin du jeûne, le premier jour, ne prenez qu'un bol de soupe aux légumes, et une tranche de pain de blé entier.

Le deuxième jour, prenez deux bols de soupe et deux tranches de pain, un bol dans la matinée et l'autre dans l'après-midi. À partir du troisième jour, vous pourrez manger ce que bon vous semblera, mais *avec modération*. Il est très important de reprendre vos habitudes alimentaires graduellement.

En général, c'est là la façon dont il faut procéder, mais chaque détail, y compris le nombre de jours de jeûne, *doit être soigneusement vérifié par votre médecin avant le début du jeûne.*

Le but de ce jeûne, physiquement parlant, est de donner à tout le système physique – l'appareil digestif, le système d'élimination et le système sanguin – une occasion de se reposer. Mentalement parlant, son but est de *vous prouver que vous pouvez maîtriser votre estomac.* Quand vous avez maîtrisé votre faim, vous n'avez peu ou pas de difficulté à maîtriser votre peur de la douleur physique.

Un autre but du jeûne est qu'il *conditionne* votre esprit en vue d'une communication facile avec votre subconscient. Durant votre jeûne, votre subconscient sera très sensible à toutes les influences : fuyez donc, au cours de cette période, les conversations et les gens négatifs.

(b) Dès le premier jour de jeûne, traitez-vous par auto-suggestion, en répétant les directives suivantes à votre subconscient au moins une fois toutes les heures :

(1) J'ai confiance au docteur (nommez-le), mon dentiste, en son habileté, en sa réputation et en son expérience professionnelle.

(2) Pendant l'extraction ou toute autre intervention pratiquée par mon dentiste, je vais dissocier complètement mon esprit, et le concentrer sur ce que je désire le plus dans ma vie, qui est (décrivez alors mentalement ce que vous souhaitez le plus).

(3) Je veux que cette intervention soit faite parce qu'elle améliorera mon apparence et sera bénéfique à ma santé physique ; et parce que je la désire, je l'accepterai comme une occasion de me prouver à moi-même que mon esprit est plus fort que ma PEUR.

(4) Je donne donc la responsabilité à mon subconscient de prendre possession de mon désir, tel que je l'ai

exprimé, et de le réaliser dans tous ses détails, pour qu'il contribue à faire de cette intervention un merveilleux moment. Par cette expérience, je vais faire des découvertes qui ont trait au pouvoir de mon esprit, *avec lequel je guiderai mon avenir entier pour obtenir plus de joies de la vie.*

Ces directives sont simples et compréhensibles, et elles vont vous mener à un nouveau mode de vie qui peut aplanir les obstacles dans toutes vos expériences futures, et dans vos relations avec autrui, en plus de vous permettre d'aller chez le dentiste sans trembler de peur.

Par ces directives, je vous ai fait connaître la circonstance la plus favorable dans laquelle vous pouvez donner des instructions à votre subconscient, pendant un jeûne. C'est pendant un jeûne que le subconscient est le plus réceptif à toute directive, positive ou négative, qu'on peut lui donner.

Maintenant, quelques mots sur le jeûne. Voici quelques-uns des bienfaits du jeûne, en dehors du fait que c'est une excellente méthode pour préparer votre subconscient à recevoir, et à exécuter vos directives :

(a) L'habitude du jeûne, que vous devriez reprendre au moins une ou deux fois par année, tonifie tout l'organisme, et l'aide à renforcer le système immunitaire contre les maladies.

(b) Le jeûne fournit l'occasion de briser facilement les habitudes de fumer et de boire du café ou de l'alcool. Si vous avez l'habitude de fumer et de boire de l'alcool, vous devrez réapprendre à fumer et à boire après un jeûne, si vous désirez fumer ou boire de nouveau.

(c) Le jeûne nous met en contact très étroit avec nos pouvoirs spirituels, ce qui est la raison majeure pour laquelle les directives données au subconscient au cours d'un jeûne sont si efficaces et fonctionnent si rapidement.

(d) Le jeûne est une excellente habitude pour la plupart des gens névrosés et mélancoliques qui souffrent de maux imaginaires, pourvu qu'il soit toujours fait sous la surveillance d'un bon médecin. Le jeûne n'est pas un jeu d'enfant, et il ne devrait jamais être entrepris par quiconque sans ordonnance médicale. Dans certaines écoles thérapeutiques, des médecins utilisent le jeûne avec succès comme remède contre plusieurs maux physiques.

(e) Le jeûne ne sera pas difficile pour ceux qui suivront les directives données ici, et qui occuperont leur esprit en donnant des directives à leur subconscient. C'est l'une des raisons majeures de l'habitude du jeûne parce qu'il ouvre complètement la porte menant au subconscient et que, durant ce temps, toutes les directives voulues peuvent lui être données.

Si vous n'avez jamais fait un jeûne volontaire, votre première expérience ne sera pas facile. Vous serez un peu nerveux les deux premiers jours, surtout si vous avez l'habitude de boire de l'alcool ou du café, mais ensuite, vous vivrez une expérience telle que vous n'en avez jamais vécue. Lorsque vous réaliserez que vous avez pu maîtriser votre appétit pour la nourriture, vous aurez une base solide à partir de laquelle vous pourrez développer votre maîtrise de beaucoup d'autres choses, telles que la pauvreté, l'échec et les peurs de toutes sortes.

(f) Pendant que vous jeûnerez, votre mémoire se rappellera des faits de votre enfance, et vous ressentirez une confiance en vous comme jamais vous n'en aurez ressentie.

Il y a quelques années, alors que j'étais associé à Bernarr Macfadden, j'eus la grippe. Au moment où je la crus guérie, j'eus une légère rechute et par la suite, cela se produisit environ toutes les deux semaines. En faisant part de cela à Macfadden, il me dit : « Pourquoi ne te mets-tu pas au jeûne pour affamer ce microbe ? Pourquoi continuer de le nourrir ? »

Il me donna ensuite des directives pour le jeûne. Je jeûnai pendant sept jours, en suivant les mêmes directives que j'ai données ici ; la maladie fut complètement éliminée et, plus important encore, j'appris de cette expérience un système de conditionnement du corps que j'ai suivi depuis — un système qui m'a immunisé contre la grippe.

Ma femme et moi jeûnons au moins une fois l'an. Nous en faisons une sorte de jeu plaisant, et nous passons cette période sans inconvénient ou malaise. Deux personnes ou plus jeûnant ensemble dans un état d'esprit enjoué recueillent de plus grands bienfaits que si une personne le fait seule.

Quand vous jeûnez pour vous préparer à une intervention chirurgicale, le jeûne devrait être complété au moins deux semaines avant l'opération. Dès la fin du jeûne, votre médecin devrait vous faire un examen complet pour s'assurer que la pression sanguine, et les tests rénaux et cardiaques sont satisfaisants.

Dans certaines circonstances, un régime alimentaire particulier, après un jeûne, peut nécessiter des suppléments alimentaires sous forme de vitamines, *mais ils doivent être prescrits par votre médecin,* et non achetés à l'aveuglette.

Assez souvent, il arrive qu'à la suite de l'extraction de dents, spécialement là où cela nécessite le port de prothèses complètes, les gencives ne guérissent pas d'une façon satisfaisante, et le dentiste prescrit des suppléments alimentaires sous forme de vitamines.

Une autre suggestion au sujet du jeûne : Ne faites aucune activité physique pénible pendant le jeûne. Le travail léger à la maison ou au bureau peut être poursuivi sans interruption, mais les grands efforts de toute nature doivent être évités.

Il y a plusieurs bons livres sur le jeûne ; toute librairie vous en donnera une liste. L'un des meilleurs que je puisse recommander, c'est *How To Fast*, par Bernarr Macfadden.

Macfadden conditionna si parfaitement son esprit pour maîtriser la douleur physique par le jeûne, il y a quelques années, qu'il s'installa dans le fauteuil d'un dentiste, et se fit enlever les dents sans anesthésie. Même si ceci démontre que la douleur peut être maîtrisée par le contrôle de l'esprit, je suis personnellement pour l'anesthésie durant une intervention chirurgicale majeure.

Le procédé décrit ici pourrait être appliqué aussi bien à la maîtrise de la pauvreté et à l'atteinte de la richesse, qu'à la chirurgie. On n'aurait qu'à changer l'énoncé de l'objectif poursuivi.

Il n'y a aucune limite à la puissance de l'esprit, sauf celles que l'individu s'impose lui-même, ou celles qu'il permet aux influences extérieures d'établir.

Vraiment, quoi que l'esprit puisse *concevoir* et *croire*, l'esprit peut le *réaliser* !

Étudiez bien les trois mots clés dans la phrase précédente parce qu'ils résument la substance de tout ce chapitre.

Votre réussite dans l'application de la formule de conditionnement de l'esprit dépendra très largement de l'attitude mentale avec laquelle vous l'appliquerez. Si vous CROYEZ que vous obtiendrez des résultats satisfaisants, vous les obtiendrez.

Quand vous donnez des directives à votre subconscient au moyen de l'énoncé que je vous ai donné, vous pouvez hâter le succès *en répétant cet énoncé sous forme d'une prière,* que vous appuierez ainsi de toute la puissance de votre foi.

Le mot FOI est le symbole d'une puissance qui n'a pas de limites à l'intérieur de la raison, et nous trouvons des manifestations de son influence partout où des gens ont atteint un succès notoire dans quelque domaine que ce soit.

Thomas A. Edison croyait qu'il pouvait perfectionner une lampe à incandescence, et cette foi le fit passer à travers 10 000 échecs avant qu'il obtienne la réponse qu'il cherchait.

Guglielmo Marconi croyait que l'éther pouvait transporter les vibrations du son sans l'usage de fils, et cette foi lui fit traverser maints échecs jusqu'à ce qu'il soit finalement récompensé par le triomphe, et qu'il donne au monde son premier média de communication sans fil.

Christophe Colomb croyait qu'il pouvait trouver un pays dans une partie inexplorée de l'océan Atlantique, et il hissa les voiles jusqu'à ce qu'il le trouve, malgré ses marins qui menaçaient de se mutiner, car eux n'avaient pas la foi.

Madame Schumann-Heink croyait qu'elle pouvait devenir une grande chanteuse d'opéra, même si son professeur de chant lui avait conseillé de retourner à sa machine à coudre, et de s'en contenter ; sa foi la récompensa avec le succès.

Helen Keller croyait qu'elle pourrait apprendre à parler, bien qu'elle soit née muette, aveugle et sourde, et sa foi lui donna la parole et l'aida à devenir un brillant exemple d'encouragement pour tous ceux qui sont tentés d'abandonner, à cause d'une infirmité physique.

Henry Ford croyait qu'il pouvait construire une voiture, sans cheval, qui fournirait un transport rapide à bas prix, et en dépit du scepticisme des gens, qui le traitaient de fou, il couvrit la terre du produit de sa foi et devint immensément riche.

Madame Marie Curie croyait en l'existence du radium, et se donna pour tâche de trouver sa source, bien que personne n'avait encore jamais vu de radium, et ne savait même pas où commencer à chercher. Sa foi lui révéla finalement la source de ce métal précieux.

Quand mon fils est né sans oreilles et que le docteur qui l'avait mis au monde me dit qu'il serait sourd toute sa vie, j'ai cru que j'avais la puissance d'influer sur la nature pour qu'il arrive à entendre. Alors, je me mis à travailler son subconscient et je fus récompensé quand il fut établi qu'il avait 65 % d'une capacité normale d'audition.

Et quand vint le moment de me faire extraire toutes mes dents pour les remplacer par des prothèses, j'ai cru *non, je savais* — que je pouvais subir l'opération sans le moindre malaise. Je SAVAIS, parce que j'avais si souvent vu l'esprit humain maîtriser la douleur physique, et toutes les autres circonstances désagréables que les gens rencontrent. JE SAVAIS parce que j'avais appris par expérience que ma capacité de CROIRE pouvait renverser tous les obstacles qui se mettraient dans mon chemin, et ignorerait toutes les contraintes que je pouvais m'imposer.

La vérité la plus profonde connue de l'homme est que l'homme seul a reçu le privilège indiscutable de contrôler et diriger son esprit. Toutes les autres créatures viennent au monde limitées par un modèle de l'instinct qu'elles ne peuvent pas changer, et au-delà duquel elles ne peuvent pas agir.

Cet avantage distinctif suppose que c'est la clé du contrôle de l'homme sur sa destinée, et nous savons que le fait de négliger de se servir de ce privilège amène une pénalité assurée sous forme de misère, de pauvreté, d'échec, de maladie, de désespoir et d'autres états d'esprit négatifs. *Nous savons aussi que l'acceptation et l'usage de cet avantage profond donnent à l'homme la clé de sa propre destinée.*

Voici donc le plus grand des miracles : LE POUVOIR DE PRENDRE POSSESSION DE SON ESPRIT ET DE S'EN SERVIR AVEC SUCCÈS À N'IMPORTE QUELLE FIN QU'ON PUISSE CHOISIR.

Et un autre miracle, c'est que ce magnifique don de l'homme de prendre possession de son esprit s'accompagne de la source même du pouvoir qui fait que ce don est sans bornes. Ce miracle secondaire est le subconscient avec lequel l'homme peut entrer en contact, et faire appel aux pouvoirs universels de l'Intelligence Infinie.

La méthode par laquelle on peut entrer en contact avec l'Intelligence Infinie avec l'aide du subconscient est simple : Elle consiste en la répétition à voix haute d'une pensée, d'un désir ou d'un but, accompagnée d'un sentiment élevé d'enthousiasme, permettant ainsi au subconscient d'agir intelligemment. LE SUBCONSCIENT N'EXÉCUTERA JAMAIS UNE IDÉE, UN PROJET OU UN BUT QUI NE LUI EST PAS CLAIREMENT EXPRIMÉ.

Dans la phrase précédente, vous avez une réponse à la raison majeure pour laquelle tant de gens échouent dans l'obtention de résultats satisfaisants par leur subconscient.

Vous avez aussi la raison majeure pour laquelle la plupart des gens connaissent l'échec plutôt que le succès.

Quand vous donnez des directives à votre subconscient, qu'elles soient précises, puis affirmez clairement vos désirs, et vous ne serez pas déçu; pourvu que vous donniez vos directives avec beaucoup d'enthousiasme, avec une FOI INÉBRANLABLE, elles seront réalisées. *Par ce procédé, la puissance qui fait fonctionner l'univers sera à votre disposition!*